www.ingramcontent.com/pod-product-compliance
Lightning Source LLC
LaVergne TN
LVHW010755051026
849532LV00007B/2372
9789369081783

گیت گاتا چل

(رومانی فلمی نغمے)

(۱۹۷۰ء اور ۱۹۸۰ء کی دہائی)

مرتبہ:

مکرم نیاز

© Taemeer Publications LLC

Geet gaata chal : Romantic film songs - Part-2

by: Mukarram Niyaz

Edition: August '2025

Publisher :

Taemeer Publications LLC (Michigan, USA / Hyderabad, India)

ISBN 978-93-6908-178-3

9 789369 081783

کتاب	:	**گیت گاتا چل** (رومانی فلمی نغمے / حصہ: ۲)
مرتب	:	**مکرم نیاز**
صنف	:	شاعری
ناشر	:	تعمیر پبلی کیشنز (حیدر آباد، انڈیا)
سالِ اشاعت	:	۲۰۲۵ء
صفحات	:	۱۶۴
سرورق ڈیزائن	:	تعمیر ویب ڈیزائن

تعارف

بالی ووڈ سینما کی ایک انفرادیت اس کے نغمے، گیت اور موسیقی بھی ہیں۔ مغل اعظم، پاکیزہ اور امراؤ جان سے لے کر 'دل تو پاگل ہے' تک کی فلموں نے اردو شاعری کا لوہا منوایا ہے۔ ۱۹۶۰ کی دہائی کے جوبلی کمار (راجندر کمار) اپنی اداکاری سے زیادہ اپنی فلموں کے گانوں کے سہارے مقبول ہوئے اسی طرح ۷۰ کی دہائی کے سپر اسٹار راجیش کھنہ بھی!

ان مشہور و مقبول فلمی نغموں کے آڈیو / ویڈیو آج سائبر دنیا میں جہاں دستیاب ہیں وہیں بصورت تحریر دیوناگری اور رومن رسم الخط میں مختلف ویب سائٹس پر بھی موجود ہیں۔ اردو رسم خط میں اس کمی کا خیال کرتے ہوئے، 'تعمیر نیوز' کی جانب سے بالی ووڈ فلمی نغموں کے لیے ایک بلاگ مختص کیا گیا جہاں تقریباً ۷۰۰ سے زائد نغموں کو اردو نستعلیق تحریر کی شکل میں پیش کرنے کی سعی کی گئی۔ انہی نغموں کو کتابی شکل میں بھی 'تعمیر پبلی کیشنز' کی جانب سے پیش کیا جا رہا ہے۔

مکرم نیاز

۲۵/اگست ۲۰۲۵ء ، حیدرآباد، تلنگانہ، انڈیا۔

رومانی

(سال : نغموں کی تعداد)

۱۹۷۰ : ۴۹

۱۹۸۰ : ۲۲

۱۹۷۰ - گانا نمبر : ۰۱

نغمہ : آنکھوں آنکھوں میں بات ہونے دو

فلم : آنکھوں آنکھوں میں (۱۹۷۲ء)

نغمہ نگار : حسرت جے پوری

گلوکار : کشور کمار، آشا بھونسلے

موسیقار : شنکر جے کشن

اداکار : راکیش روشن، راکھی

آنکھوں آنکھوں میں بات ہونے دو

مجھ کو اپنی بانہوں میں سونے دو

شادی ہو جانے دو شادی ہو جائے گی

پہلے میٹھے سپنوں میں کھونے دو

نہ جی آنکھوں آنکھوں میں بات ہونے دو

من کا پنچھی ڈولے پریت کی بولی بولے

ارے بات بڑھے گی آگے لیکن ہولے ہولے

کب تک انتظاری عمر پڑی ہے ساری

دل کو ذرا دل میں سمانے دو

مجھ کو اپنی بانہوں میں سونے دو

پہلے بھی برکھا تھی، تھی تو کیا ہوا

پر ایسی کہاں تھی

پہلے بھی برکھا تھی ایسے نہ بھلی تھی

پھول بنی ہے اب تو پہلے بند کلی تھی

دل میں آگ لگے ہے دل کی آگ بجھے گی

موتی پہلے نتھ میں پرونے دو

آنکھوں آنکھوں میں بات ہونے دو

مجھ کو اپنی بانہوں میں سونے دو

***

گانا نمبر : ۰۲

نغمہ : ہم دونوں دو پریمی دنیا چھوڑ چلے

فلم : اجنبی (۱۹۷۴ء)

نغمہ نگار : آنند بخشی

گلوکار : لتا منگیشکر، کشور کمار

موسیقار : آر ڈی برمن

اداکار : راجیش کھنہ، زینت امان

ہم دونوں دو پریمی دنیا چھوڑ چلے
جیون کی ہم ساری رسمیں توڑ چلے
بابل کی آئے موہے یاد
جانے کیا ہو اب اس کے بعد
گاڑی سے کہہ دو چلے تیز منزل ہے دور
تھوڑا سفر کا مزا لیجیے، اے حضور
دیکھو نہ چھیڑو اس طرح
رستہ کٹے پھر کس طرح

جانا کہاں ہے بتا اس شہر کا نام
لے چل جہاں تیری مرضی، یہ تیرا ہے کام
مجھ پہ ہے اتنا اعتبار
میں نے کیا ہے تم سے پیار
ایسا نہ ہو تو کبھی چھوڑ دے میرا ساتھ
پھر نہ کبھی کہنا دل توڑنے والی بات
میں نے تو کی تھی دل لگی
میں نے بھی کی تھی دل لگی

***

گانا نمبر: ۰۳

نغمہ : جھل مل ستاروں کا آنگن ہو گا

فلم : جیون مرتیو (۱۹۷۰ء)

نغمہ نگار : آنند بخشی

گلوکار : لتا منگیشکر، محمد رفیع

موسیقار : لکشمی کانت پیارے لال

اداکار : دھریندر، راکھی، اجیت

جھل مل ستاروں کا آنگن ہو گا
رم جھم برستا ساون ہو گا
ایسا سندر سپنا، اپنا جیون ہو گا
پریم کی گلی میں اک چھوٹا سا گھر بنائیں گے
کلیاں نہ ملیں نہ سہی، کانٹوں سے سجائیں گے
بغیا سے سندر وہ بن ہو گا
تیری آنکھوں سے سارا، سنسار میں دیکھوں گی
دیکھوں گی اِس پار یا اُس پار میں دیکھوں گی

نینوں کو تیرا ہی، درشن ہو گا
پھر تو مست ہواؤں کے ہم جھونکے بن جائیں گے
نیناں سندر سپنوں کے جھروکے بن جائیں گے
من آشاؤں کا درپن ہو گا
جھل مل ستاروں کا آنگن ہو گا

***

گانا نمبر : ۰۴

نغمہ : آپ کی مہکی ہوئی زلف کو کہتے ہیں گھٹا

فلم : ترشول (۱۹۷۸ء)

نغمہ نگار : ساحر لدھیانوی

گلوکار : لتا منگیشکر، یسوداس

موسیقار : خیام

اداکار : امیتابھ بچن، سنجیو کمار، ششی کپور، راکھی، ہیما مالنی

آپ کی مہکی ہوئی زلف کو کہتے ہیں گھٹا
آپ کی مدھ بھری آنکھوں کو کنول کہتے ہیں
میں تو کچھ بھی نہیں، تم کو حسیں لگتی ہوں
اس کو چاہت بھری نظروں کا عمل کہتے ہیں
ایک ہم ہی نہیں سب دیکھنے والے تم کو
سنگِ مر مر پہ لکھی شوخ غزل کہتے ہیں
ایسی باتیں نہ کرو جن کا یقیں مشکل ہو
ایسی تعریف کو نیت کا خلل کہتے ہیں

میری تقدیر کہ تم نے مجھے اپنا سمجھا
اس کو صدیوں کی تمناؤں کا پھل کہتے ہیں

***

گانا نمبر: ۰۵

نغمہ : تم جو مل گئے ہو

فلم : ہنستے زخم (۱۹۷۳ء)

نغمہ نگار : کیفی اعظمی

گلوکار : محمد رفیع

موسیقار : مدن موہن

اداکار : نوین نشچل، پریہ راج ونش، بلراج ساہنی

تم جو مل گئے ہو، تو یہ لگتا ہے
کہ جہان مل گیا
ایک بھٹکے ہوئے راہی کو
کاروان مل گیا
بیٹھو نہ دور ہم سے
دیکھو خفا! نہ ہو
قسمت سے مل گئے ہو
مل کے جدا نہ ہو

میری کیا خطا ہے
ہوتا ہے یہ بھی
کہ زمین سے بھی کبھی
آسمان مل گیا
کہ جہان مل گیا
تم کیا جانو، تم کیا ہو
ایک سریلا نغمہ ہو
بھیگی راتوں میں مستی
تپتے دن میں سایہ ہو
تم کیا جانو، تم کیا ہو
اب جو آگئے ہو، جانے نہ دوں گا
کہ مجھے ایک حسیں مہربان مل گیا
کہ جہان مل گیا
تم بھی تھے کھوئے کھوئے
میں بھی بجھا بجھا
تھا اجنبی زمانہ

اپنا کوئی نہ تھا

دل کو جو مل گیا ہے، تیرا سہارا

اِک نئی زندگی کا نشان مل گیا

تم جو مل گئے ہو

تو یہ لگتا ہے

کہ جہان مل گیا

ایک بھٹکے ہوئے راہی کو

کاروان مل گیا

کہ جہان مل گیا

کہ جہان مل گیا

***

گانا نمبر : ٠٦

نغمہ : حسن کے لاکھوں رنگ

فلم : جانی میرا نام (۱۹۷۰ء)

نغمہ نگار : آنند بخشی

گلوکار : آشا بھونسلے

موسیقار : کلیان جی آنند جی

اداکار : دیوآنند، ہیما مالینی

حسن کے لاکھوں رنگ
کون سا رنگ دیکھو گے
آگ ہے یہ بدن
کون سا انگ دیکھو گے
گالوں کے یہ پھول گلابی
ان کی رنگت کیا جانو
ہونٹوں کے دو جام شرابی
ان کی لذت کیا جانو

زلفوں کی یہ چھاؤں گھنیری
ان کی راحت کیا جانو
حسن کے لاکھوں رنگ ---
پردے میں کیا چھپا ہوا ہے
تیری نظر یہ کیا جانے
ان آنکھوں کے پیچھے کتنے
بسے ہوئے ہیں میخانے
پی کے دیکھو جام نظر کا
ہو جاؤ گے دیوانے

***

گانا نمبر : ۰۷

نغمہ : میرے دل نے جو مانگا مل گیا

فلم : رکھوالا (۱۹۷۱ء)

نغمہ نگار : راجندر کرشن

گلوکار : لتا منگیشکر

موسیقار : کلیان جی آنند جی

اداکار : دھریندر، لینا چنداورکر، ونود کھنہ

میرے دل نے جو مانگا مل گیا
میں نے جو کچھ بھی چاہا مل گیا
ہو گئی پیار کی ہر تمنا جواں
منہ چھپا کر گیا ہے اندھیرا
میرے جیون کا آیا سویرا
آج قدموں میں جھکنے لگا آسماں
دھیرے دھیرے میرے سپنے
ایک نیا رنگ آنکھوں میں لائے

میٹھے میٹھے کوئی نغمے

دل کی ویران وادی میں گائے

دیکھتے دیکھتے کیسا بدلا سماں

یہ نیا موڑ ہے زندگی کا

چھا رہا ہے نشہ بےخودی کا

اب تو پھولوں میں ہوگا میرا آشیاں

***

گانا نمبر : ۰۸

نغمہ : تم میری زندگی میں کچھ اس طرح سے آئے

فلم : بمبئی ٹو گوا (۱۹۷۲ء)

نغمہ نگار : راجندر کرشن

گلوکار : لتا منگیشکر، کشور کمار

موسیقار : آر ڈی برمن

اداکار : ایتابھ بچن، ارونا ایرانی، شترگھن سنہا، محمود

تم میری زندگی میں کچھ اس طرح سے آئے
بھولا سا خواب جیسے سچ ہو کے مسکرائے
بھولی بسری کتنی یادیں آج گلے ملنے آئی ہیں
انجانے باغوں سے چن کر کلیاں دامن میں لائی ہیں
اتنے سہانے سفر کی کبھی منزل نہ آنے پائے
رکتی بڑھتی دل کی دھڑکن کہتی ہے کتنے افسانے
دل کے ساگر کتنے گہرے دل ہی سمجھے دل ہی جانے
آئے سمجھ میں یہ راز تب جب عمر بیت جائے

***

گانا نمبر : ۰۹

نغمہ : بچنا اے حسینو، لو میں آگیا

فلم : ہم کسی سے کم نہیں (۱۹۷۷ء)

نغمہ نگار : مجروح سلطان پوری

گلوکار : کشور کمار

موسیقار : آر ڈی برمن

اداکار : رشی کپور، کاجل کرن، طارق، زینت امان، امجد خاں

بچنا اے حسینو، لو میں آ گیا

ہائے ، بچنا اے حسینو ، لو میں آ گیا

حسن کا عاشق حسن کا دشمن

اپنی ادا ہے یاروں سے جدا

ہے ہو بچنا اے حسینو ---

دنیا میں نہیں ہے، آج میرا سا دیوانہ

پیار والوں کی زباں پہ ہے میرا ہی ترانہ

سب کی رنگ بھری آنکھوں پہ آج

چمک رہا ہے میرا ہی نشہ
ہے ہے ہو بچنا اے حسینو ---
جام ملتے ہیں ادب سے، شام دیتی ہے سلامی
گیت جھکتے ہیں لبوں پہ، ساز کرتے ہیں غلامی
ہو کوئی، پردہ یا بادشاہ، آج تو سب ہیں مجھ پہ فدا
ہے ہے ہو بچنا اے حسینو ---
اک ہنگامہ اٹھا دوں، میں تو جاؤں جدھر سے
جیت لیتا ہوں دلوں کو، اک ہلکی سی نظر سے
محبوبوں کی محفل میں آج
چھائی ہے چھائی ہے میری ہی ادا
ہے ہے ہے ہو بچنا اے حسینو ---

***

گانا نمبر : ۱۰

نغمہ : نہ کوئی دل میں سمایا

فلم : آ گلے لگ جا (۱۹۷۳ء)

نغمہ نگار : ساحر لدھیانوی

گلوکار : کشور کمار

موسیقار : آر ڈی برمن

اداکار : ششی کپور، سرمیلا ٹیگور، شتروگھن سنہا

نہ کوئی دل میں سمایا، نہ کوئی پہلو میں آیا
جا کے بھی پاس رہی تم ہی
او جان جاں، جان من، جانتی ہو
کیوں تم نے دامن چرایا، تم جانو میں کیا بتاؤں
مجھ میں ہی کچھ عیب ہوگا، کیوں تم پہ تہمت لگاؤں
میں تو یہی کہوں گا، پوچھوگی، جب بھی
تم جو مجھے دے گئی ہو، ایک خوبصورت نشانی
لپٹا کے سینہ سے اس کو، کٹ جائے گی زندگانی
میں تو یہی کہوں گا، پوچھوگی جب بھی

***

گانا نمبر : ۱۱

نغمہ : آپ آئے بہار آئی

فلم : آپ آئے بہار آئی (۱۹۷۱ء)

نغمہ نگار : آنند بخشی

گلوکار : محمد رفیع

موسیقار : لکشمی کانت پیارے لال

اداکار : راجندر کمار، سادھنا

سارے زمانہ پہ موسم سہانے پہ
اس دل دیوانے پہ
ویرانی سی تھی چھائی
آپ آئے بہار آئی
آپ کا ہی تھا سب کو انتظار
آپ کے لیے سب تھے بے قرار
ہوائیں، گھٹائیں، فضائیں
باغوں میں، پھولوں نے، جھولوں نے

لی جھوم کے انگڑائی

آپ آئے بہار آئی

آپ نے کیا آ کے احسان

تھا یہ ویرانہ، اب ہے گلستاں

پکاریں، نظارے یہ سارے

گلشن کی گلیوں سے، کلیوں سے

سنیے آواز یہ آئی

آپ آئے بہار آئی

لیجئے نہ بس اب جانے کا نام

روٹھ جائیں گے جلوے یہ تمام

یہ بستی، یہ مستی، یہ ہستی

ایسا نہ ہو جائے بن جائے

یہ محفل پھر تنہائی

آپ آئے بہار آئی

***

گانا نمبر : ۱۲

نغمہ : ڈھل گیا دن ہو گئی شام

فلم : ہمجولی (۱۹۷۰ء)

نغمہ نگار : آنند بخشی

گلوکار : محمد رفیع، آشا

موسیقار : لکشمی کانت پیارے لال

اداکار : جیتندر، لینا چنداورکر

ڈھل گیا دن ہو گئی شام جانے دو جانا ہے
ابھی ابھی تو آئی ہو ابھی ابھی جانا ہے
ڈھل گیا دن ---
ستم میرے دل پہ جو ڈھائے
قسم لگے اس کو میری جو جائے
نہ ایسے دیکھو مجھے نہ روکو ذرا
یہ سوچو برا زمانہ ہے
ابھی ابھی تو آئی ---

گزاری ساتھ ہم نے کئی راتیں
نہ جانے کب ختم ہوں گی تیری باتیں
ابھی نہ جانا کوئی ترانہ کوئی فسانہ
ابھی سنانا ہے، ڈھل گیا دن ---
بناتے ہو یہ روز ہی بہانہ
نہ جانے دے گا آج تم کو یہ دیوانہ
مانا جی مانا تو ہے دیوانہ
میرا دیوانہ بڑا سیانا ہے، ڈھل گیا دن ---

***

گانا نمبر : ۱۳

نغمہ : آج کل پاؤں زمیں پر نہیں پڑتے میرے

فلم : گھر (۱۹۷۸ء)

نغمہ نگار : گلزار

گلوکار : لتا منگیشکر

موسیقار : آر ڈی برمن

اداکار : ریکھا، ونود مہرہ

آج کل پاؤں زمیں پر نہیں پڑتے میرے
بولو دیکھا ہے کبھی تم نے مجھے اڑتے ہوئے
جب بھی تھاما ہے تیرا ہاتھ تو دیکھا ہے
لوگ کہتے ہیں کہ بس ہاتھ کی ریکھا ہے
ہم نے دیکھا ہے دو تقدیروں کو جڑتے ہوئے
نیند سی رہتی ہے، ہلکا سا نشہ رہتا ہے
رات دن آنکھوں میں ایک چہرہ بسا رہتا ہے
پر لگی آنکھوں کو دیکھا ہے کبھی اڑتے ہوئے

جانے کیا ہوتا ہے ، ہر بات پہ کچھ ہوتا ہے

دن میں کچھ ہوتا ہے اور رات میں کچھ ہوتا ہے

تھام لینا جو کبھی دیکھو ہمیں اڑتے ہوئے

***

گانا نمبر : ۱۴

نغمہ : جان کی قسم ، سچ کہتے ہیں ہم

فلم : آزاد (۱۹۷۸ء)

نغمہ نگار : آنند بخشی

گلوکار : لتا منگیشکر، کشور

موسیقار : آر ڈی برمن

اداکار : دھریندر، ہیما مالینی

جان کی قسم ، سچ کہتے ہیں ہم
خوشی ہو یا غم، بانٹ لیں گے ہم آدھا آدھا

یہ وعدہ، ہاں وعدہ، یہ وعدہ رہا
تھوڑا تم چلنا، تھوڑا میں چلوں گی
منزل پاس آ جائے گی
تھوڑا تم ہنسنا، تھوڑا میں ہنسوں گی
جب بھی اداسی چھا جائے گی
یہ وعدہ، ہاں وعدہ، یہ وعدہ رہا
جان کی قسم، سچ کہتے ہیں ہم

بہت ہو یا کم، بانٹ لیں گے ہم آدھا
کچھ تم جلنا، کچھ میں جلوں گا
دل میں آگ جب لگے گی
دونوں میں کوئی پیاسا رہا تو
دونوں کی پیاس نہ بجھے گی

یہ وعدہ، ہاں وعدہ، یہ وعدہ رہا
جان کی قسم، سچ کہتے ہیں ہم
جو بھی ہو ستم، بانٹ لیں گے ہم آدھا
کیا ہے جو وعدہ سب کچھ آدھا
کہیں پیار نہ آدھا رہ جائے
ایسا نہیں ہو گا ایسا ہونا ہو تو
ٹوٹ کے یہ وعدہ رہ جائے

یہ وعدہ، ہاں وعدہ، یہ وعدہ رہا
جان کی قسم، سچ کہتے ہیں ہم
سب کچھ بالم، بانٹ لیں گے ہم آدھا

***

گانا نمبر : ۱۵

نغمہ : دوری نہ رہے کوئی، آج اتنے قریب آؤ

فلم : کرتویہ (۱۹۷۹ء)

نغمہ نگار : کفیل آذر

گلوکار : لتا منگیشکر

موسیقار : لکشمی کانت پیارے لال

اداکار : دھریندر، ونود مہرہ، ریکھا

دوری نہ رہے کوئی، آج اتنے قریب آؤ
میں تم میں سما جاؤں، تم مجھ میں سما جاؤ
سانسوں کی حرارت سے تنہائی پگھل جائے
جلتے ہوئے ہونٹوں کا ارمان نکل جائے
چاہت کی گھٹا بن کر یوں مجھ پہ برس جاؤ
یہ بات نہ تھی اب سے پہلے کبھی جینے میں
دل بن کے دھڑکتے ہو تمہی میرے سینے میں
کبھی ساتھ نہ چھوڑو گے تم میری قسم کھاؤ

***

گانا نمبر : ١٦

نغمہ : تاروں میں سج کے اپنے سورج سے

فلم : جل بن مچھلی نرتیہ بن بجلی (١٩٧١ء)

نغمہ نگار : مجروح سلطان پوری

گلوکار : مکیش

موسیقار : لکشمی کانت پیارے لال

اداکار : سندھیا، ابھیجیت

تاروں میں سج کے اپنے سورج سے
دیکھو دھرتی چلی ملنے
جھنکی پائل مچ گئی ہلچل
امبر سارا لگا ہلنے
ہے گھٹاؤں کا دو نین میں کاجل
دھوپ کا مکھ پہ ڈالے سنہرا سا آنچل
یوں لہرائی، لی انگڑائی، لگی جیسے دھنک کھلنے
آگ سی لپکے جلتی ہوئی راہیں

جی کو دہلائے بے چین طوفاں کی آہیں

نہ ڈرے گی، نہ رکے گی، دیکھے کیا ہو، کہا دل نے

***

گانا نمبر : ۱۷

نغمہ : چنچل، شیتل، نرمل، کومل

فلم : ستیم شیوم سندرم (۱۹۷۸ء)

نغمہ نگار : آنند بخشی

گلوکار : مکیش

موسیقار : لکشمی کانت پیارے لال

اداکار : زینت امان، ششی کپور

چنچل، شیتل، نرمل، کومل
سنگیت کی دیوی سُور سجنی
سندرتا کی ہر پرتما سے
بڑھ کر ہے تو سندر سجنی
کہتے ہیں جہاں نہ روی پہنچے
کہتے ہیں وہاں پر کوی پہنچے
تیرے رنگ روپ کی چھایا تک
نہ روی پہنچے نہ کوی پہنچے

میں چھونے لگوں تو اڑ جائے
پریوں سے تیرے پر سجنی
تیرے رسونتی ہاتھوں کا میں
گیت کوئی بن جاؤں گا
سرگم کے پھولوں سے تیرے
سپنوں کی سیج سجاؤں گا
ڈولی میں بیٹھ کے آئے گی
جب تو ساجن کے گھر سجنی
ایسا لگتا ہے، ٹوٹ گئے سب تارے
ٹوٹ کے سمٹ گئے
گورے گورے ایک چندا سے
رنگین بدن پہ لپٹ گئے
بن کر نتھ، کنگن، کردھنیا
گھنگھرو جھمکے جھومر سجنی

***

گانا نمبر : ۱۸

نغمہ : سامنے یہ کون آیا، دل میں ہوئی ہلچل

فلم : جوانی دیوانی (۱۹۷۲ء)

نغمہ نگار : آنند بخشی

گلوکار : کشور کمار

موسیقار : آر ڈی برمن

اداکار : رندھیر کپور، جیا بہادری

سامنے یہ کون آیا، دل میں ہوئی ہلچل
دیکھ کے بس ایک ہی جھلک، ہو گئے ہم پاگل
ارے باتیں، ملاقاتیں، ہم سے بھی تو ہوں گی
ارے ہم سے کھلیں گے وہ آج نہیں تو کل
رہنا ہے یہاں تو، دونوں ہیں جوان تو
بھلا دور کیسے رہیں گے
مانا وہ حسیں ہے، تو ہم بھی کم نہیں ہے
وہ مغرور کیسے رہیں گے

آنکھوں ہی آنکھوں میں، باتوں ہی باتوں میں
کبھی جان پہچان ہو گی
سن لو یہ کہانی، حسینہ ایک ان جانی
کسی دن مہربان ہو گی

***

گانا نمبر : ۱۹

نغمہ : سمٹی سی شرمائی سی، کس دنیا سے تم آئی ہو

فلم : پروانہ (۱۹۷۱ء)

نغمہ نگار : کیفی اعظمی

گلوکار : کشور کمار

موسیقار : مدن موہن

اداکار : امیتابھ بچن، نوین نشچل، یوگیتا بالی

سمٹی سی، شرمائی سی، کس دنیا سے تم آئی ہو
کیسے جہاں میں سمائے گا، اتنا حسن جو لائی ہو
سمٹی سی، شرمائی سی، کس دنیا سے تم آئی ہو
ہیرا نظر، چاندی بدن، ریشم ہنسی، مکھڑا چمن
کنگال ہیں سارے حسین، بس ایک تم ہی رکھتی ہو دھن
لٹنے کا ڈر ہے، گھبرائی ہو
سمٹی سی، شرمائی سی، کس دنیا سے تم آئی ہو
جب تک تمہیں دیکھا نہیں، یہ دل کبھی دھڑکا نہیں

آئے گئے کتنے صنم، میں نے مگر پوچھا نہیں
تم دل کی پہلی انگڑائی ہو
سمٹی سی، شرمائی سی، کس دنیا سے تم آئی ہو
آنکھیں ملیں، وعدہ ہوا، کچھ کہہ دیا، کچھ سن لیا
ٹھہرے کہاں، بیتاب دل، کیسے ملے اپنا پتہ
زلفوں کی بدلی جب چھائی ہو
سمٹی سی، شرمائی سی، کس دنیا سے تم آئی ہو
کیسے جہاں میں سمائے گا، اتنا حسن جو لائی ہو
سمٹی سی، شرمائی سی، کس دنیا سے تم آئی ہو
کس دنیا سے تم آئی ہو
تم آئی ہو

***

گانا نمبر : ۲۰

نغمہ : سلطانہ، سلطانہ میرا نام ہے سلطانہ

فلم : ترانہ (۱۹۷۹ء)

نغمہ نگار : رویندر رویل

گلوکار : اوشا منگیشکر

موسیقار : رام لکشمن

اداکار : متھن چکرورتی، رنجیتا

سلطانہ، سلطانہ

میرا نام ہے سلطانہ

میرے حسن کا ہر انداز مستانہ

میں پریوں کی رانی

میری چڑھتی جوانی

جو بھی دیکھے ہو جائے دیوانہ، سلطانہ

میں چال چلوں تو ہرنی رک جائے

انگڑائی لوں تو بجلی شرمائے

میں شوخ کلی ہوں،
چنچل تتلی ہوں،
میں شوخ کلی، چنچل تتلی
ہر کوئی دیتا ہے دل نذرانہ
معصوم سمجھ کے ڈورے مت ڈالو
دل سے جاؤ گے ارے او دل والو
میں آج یہاں ہوں،
کل جانے کہاں رہوں
میں آج یہاں، کل جانے کہاں
بنجاروں کا کب کوئی ٹھکانا

***

گانا نمبر: ۲۱

نغمہ : مسکراتا ہوا گل کھلاتا ہوا میرا یار

فلم : لہو کے دو رنگ (۱۹۷۹ء)

نغمہ نگار : فاروق قیصر

گلوکار : کشور کمار

موسیقار : بپی لہری

اداکار : ونود کھنہ، شبانہ اعظمی

مسکراتا ہوا، گل کھلاتا ہوا، میرا یار
میرا یار، میرا یار، میرا یار
آنکھیں ملتا ہوا، تن چراتا ہوا، میرا یار
میرا یار، میرا یار، میرا یار
گورے گورے مکھ کو چومے ہیرے موتی
ایسی شرارت ہم سے بھی ہوتی
دھیرے سے چھو لوں میں گالوں کو
چوموں میں بھیگے سے بالوں کو، بولو نا

نہ نہ کرتا ہوا، جگ سے ڈرتا ہوا، میرا یار

پیاری پیاری چھبی ہے، ادا بھولی بھالی

اب نہ لگانا ہونٹوں پہ لالی

دل پہ کیا بیتے ہے جانو نا

اتنا سا کہنا ہے مانو نا، مانو نا

ہاں ہاں کرتا ہوا، پر سنورتا ہوا، میرا یار

میرا یار، میرا یار، میرا یار

کھوئے کھوئے نیناں، دیکھے میرا سپنا

پیار مبارک، ملا کوئی اپنا

چپکے سے بانہوں میں آ جانا

میری جان اب تو نہ شرمانا، شرماؤ نہ

جا جا کہتا ہوا، درد سہتا ہوا میرا یار

میرا یار، میرا یار، میرا یار

***

گانا نمبر : ۲۲

نغمہ : آپ کی آنکھوں میں کچھ مہکے ہوئے سے راز ہیں

فلم : گھر (۱۹۷۸ء)

نغمہ نگار : گلزار

گلوکار : کشور کمار، لتا منگیشکر

موسیقار : آر ڈی برمن

اداکار : ونود مہرہ، ریکھا

آپ کی آنکھوں میں کچھ مہکے ہوئے سے راز ہیں
آپ سے بھی خوبصورت آپ کے انداز ہیں
آپ کی آنکھوں میں کچھ مہکے ہوئے سے راز ہیں
لب ہلے تو موگرے کے پھول کھلتے ہیں کہیں
آپ کی آنکھوں میں کیا ساحل بھی ملتے ہیں کہیں
آپ کی خاموشیاں بھی آپ کی آواز ہیں
آپ کی باتوں میں پھر کوئی شرارت تو نہیں
بے وجہ تعریف کرنا آپ کی عادت تو نہیں

آپ کی بدمعاشیوں کے یہ نئے انداز ہیں
آپ کی آنکھوں میں کچھ مہکے ہوئے سے راز ہیں
آپ سے بھی خوبصورت آپ کے انداز ہیں
آپ کی آنکھوں میں کچھ مہکے ہوئے سے راز ہیں

***

گانا نمبر : ۲۳

نغمہ : راہی تھا میں آوارہ

فلم : صاحب بہادر (۱۹۷۷ء)

نغمہ نگار : راجندر کرشن

گلوکار : کشور کمار

موسیقار : مدن موہن

اداکار : دیو آنند، پریہ راج ونش

راہی تھا میں آوارہ

پھرتا تھا مارا مارا

تیرے شہر میں آکر ایک دن

چمکا تقدیر کا تارہ

مہکے ہوئے بدن سے خوشبو سی آ رہی ہے

جیسے پون کہیں پر چندن لٹا رہی ہے

آنکھوں سے کوئی دل میں ایسے اتر رہا ہے

بے نام سا نشہ ہے

جی چاہتا ہے میری کوئی رات ایسی آئے
دیکھے جو ساتھ ہم کو پھر لوٹ کے نہ جائے
میں تم سے کچھ نہ بولوں تم مجھ سے کچھ نہ بولو
خاموشیاں بھی سوچیں یہ کونسی ادا ہے
بے نام سا نشہ ہے
دیکھا جدھر جدھر بھی مستی بھری نظر سے
راہوں میں رنگ چھائے، باغوں میں پھول برسے
جیسے قدم قدم پہ میخانہ کھل گیا ہے
بے نام سا نشہ ہے

***

گانا نمبر : ۲۴

نغمہ : تیرا مجھ سے ہے پہلے کا ناتا کوئی

فلم : آ گلے لگ جا (۱۹۷۳ء)

نغمہ نگار : ساحر لدھیانوی

گلوکار : کشور کمار

موسیقار : آر ڈی برمن

اداکار : ششی کپور، شرمیلا ٹیگور، شتروگھن سنہا

تیرا مجھ سے ہے پہلے کا ناتا کوئی

یونہی نہیں دل لبھاتا کوئی

جانے تو یا جانے نہ، مانے تو یا مانے نہ

دھواں دھواں تھا وہ سماں، یہاں وہاں جانے کہاں

تو اور میں کہیں ملے تھے پہلے

دیکھا تجھے تو دل نے کہا

جانے تو یا جانے نہ، مانے تو یا مانے نہ

دیکھو ابھی کھونا نہیں، کبھی جدا ہونا نہیں

اب کے یونہی ملے رہیں گے ہم دونوں

وعدہ رہا یہ اس شام کا

جانے تو یا جانے نہ، مانے تو یا مانے نہ

تو بھی رہی میرے لئے، میں بھی رہا تیرے لئے

پہلے بھی میں تجھ کو بانہوں میں لے کے

جھوما کیا اور جھوما کیا

جانے تو یا جانے نہ، مانے تو یا مانے نہ

***

گانا نمبر : ۲۵

نغمہ : کل کی حسیں ملاقات کے لیے

فلم : چرس (۱۹۷۶ء)

نغمہ نگار : آنند بخشی

گلوکار : لتا ، کشور

موسیقار : لکشمی کانت پیارے لال

اداکار : دھریندر، ہیما مالینی، اجیت، امجد خان

کل کی حسیں ملاقات کے لیے، آج رات کے لیے
ہم تم جدا ہو جاتے ہیں، اچھا چلو سو جاتے ہیں
آپ، نیند نہیں کیا آئی
نیند میری آپ نے چرائی
میں تو نہیں سوئی، آدھی رات ہوئی
آپ کو ہوا کیا، خاص وجہ کوئی
اکیلے میں ہم گھبرا گئے
چلے گئے تھے پھر آ گئے
تو معاف کرنا اس بات کے لیے، آج رات کے لیے

ہم تم جدا ہو جاتے ہیں، اچھا چلو سو جاتے ہیں
آپ، اب ہے کیا مجبوری
ہاں کام تھا ایک ضروری
لمبی لمبی راتیں، چھوٹی ملاقاتیں
بھول گیا تھا میں دو چار باتیں
باتوں سے نہ دل اپنے بھرے
آنکھوں میں کئی سپنے بھرے
تو سپنوں کی اس بارات کے لیے، آج رات کے لیے
ہم تم جدا ہو جاتے ہیں، اچھا چلو سو جاتے ہیں
تو میں آیا آپ جاتے ہیں
ہم آپ سے شرماتے ہیں
میں تو ہوں، دیوانہ، میں یہ نہیں جانا
ہم سے شرم کا کیا ہے بہانا
دیکھو پہلے ہم تھے اجنبی
ہو گئی مگر اب دوستی
بدلے ہوئے حالات کے لیے، آج رات کے لیے
ہم تم جدا ہو جاتے ہیں، اچھا چلو سو جاتے ہیں

***

گانا نمبر : ۲٦

نغمہ : تو میرے سپنوں کی رانی بنے گی

فلم : گورا اور کالا (۱۹۷۲ء)

نغمہ نگار : آنند بخشی

گلوکار : محمد رفیع

موسیقار : لکشمی کانت پیارے لال

اداکار : راجندر کمار، ہیما مالینی، ریکھا

ایک نہ ایک دن یہ کہانی بنے گی
تو میرے سپنوں کی رانی بنے گی
میں تیرا دیوانہ بنوں گا
رانی تو میری دیوانی بنے گی
چین لوٹا ہے نیند لوٹی ہے
ایسے موسم میں ہم سے روٹھی ہے
یہ تیرے ہاتھوں کی انگوٹھی
پریم کی پہلی نشانی بنے گی

یہ غصہ تو بھول جائے گی
تیرے ہونٹوں پہ ہنسی آئے گی
یہ آج ہو یا کل ہو، یہ ہوگا
یہ بے رخی مہربانی بنے گی
یوں ہی پہلے تو لاج آتی ہے
بعد میں گوری مان جاتی ہے
تیرا میرا نیا نیا ملن ہے
یہ ملاقات پرانی بنے گی

***

گانا نمبر : ۲۷

نغمہ : قسمیں وعدے نبھائیں گے ہم

فلم : قسمیں وعدے (۱۹۷۸ء)

نغمہ نگار : گلشن باوَرا

گلوکار : لتا منگیشکر، کشور کمار

موسیقار : آر ڈی برمن

اداکار : امیتابھ بچن، راکھی، رندھیر کپور، نیتو سنگھ

قسمیں وعدے نبھائیں گے ہم
ملتے رہیں گے جنم جنم
دیکھا میں نے تجھ کو تو مجھے ایسا لگا
برسوں کا سویا ہوا پیار میرا جگا
تو ہے دیا، میں ہوں بتی، آجا میرے جیون ساتھی
قسمیں وعدے نبھائیں گے ہم
ملتے رہیں گے جنم، جنم
چہروں سے ہو انجانے ہم، دل تو دل کو پہچانیں

کبھی پیار نہیں مرتا ہے، پاگل پریمی ہی جانیں
آ جاتی ہے لب پہ خود ہی، بھولی بسری باتیں
قسمیں وعدے نبھائیں گے ہم
ملتے رہیں گے جنم، جنم

تو ہے میرے جینے کا سہارا، صدیوں پرانا ہے ساتھ ہمارا
تو ہے دیا، میں ہوں بتی، آجا میرے جیون ساتھی
قسمیں وعدے نبھائیں گے ہم
ملتے رہیں گے جنم، جنم

جس دل میں پیار بسا ہے، وہ دل بھگوان کی مورت
یہ مورت کبھی نہ بدلے، بدلے انسان کی صورت
دل کے بندھن اتنے سچے، جتنے یہ دن رات
قسمیں وعدے نبھائیں گے ہم
ملتے رہیں گے جنم، جنم

***

گانا نمبر : ۲۸

نغمہ : بھیگی بھیگی راتوں میں، میٹھی میٹھی باتوں میں

فلم : اجنبی (۱۹۷۴ء)

نغمہ نگار : آنند بخشی

گلوکار : لتا منگیشکر، کشور

موسیقار : آر ڈی برمن

اداکار : راجیش کھنہ، زینت امان

بھیگی بھیگی راتوں میں، میٹھی باتوں میں
ایسی برساتوں میں، کیسا لگتا ہے
ایسا لگتا ہے، تم بن کے بادل
میرے بدن کو بھگو کے مجھے چھیڑ رہے ہو
امبر کھیلے ہولی، اوئی ماں
بھیگی موری چولی، ہمجولی
پانی کے اس ریلے میں، ساون کے اس میلے میں
چھت پہ اکیلے میں، کیسا لگتا ہے

ایسا لگتا ہے، تم بن کے گھٹا

اپنے سجن کو بھگو کے کھیل، کھیل رہی ہو

برکھا سے بچا لوں، تجھے سینہ سے لگا لوں، آ چھپا لوں

دل نے پکارا دیکھو، رت کا اشارہ دیکھو

اف یہ نظارہ دیکھو، کیسا لگتا ہے

ایسا لگتا ہے، کچھ ہو جائیگا

مست پون کے یہ جھونکے سیاں دیکھ رہے ہو

***

گانا نمبر : ۲۹

نغمہ : پل بھر کے لیے کوئی ہمیں پیار کر لے

فلم : جانی میرا نام (۱۹۷۰ء)

نغمہ نگار : اندیور

گلوکار : کشور کمار، اوشا کھنہ

موسیقار : کلیان جی آنند جی

اداکار : دیو آنند، ہیما مالینی

پل بھر کے لیے کوئی ہمیں پیار کر لے
جھوٹا ہی سہی
دو دن کے لیے کوئی اقرار کر لے
جھوٹا ہی سہی
ہم نے بہت تجھ کو چھپ چھپ کے دیکھا
دل پہ کھینچی ہے تیرے کاجل کی ریکھا
کاجل کی ریکھا بنی لکشمن کی ریکھا
رام میں کیوں تو نے راون کو دیکھا

کھڑے کھڑکی پہ جوگی سویکار کر لے
جھوٹا ہی سہی
ہیرے سے جڑے تیرے نین بڑے
جس دن سے لڑے تیرے در پہ پڑے
سن سن کر تیری نہیں نہیں
جاں--- اپنی نکل جائے نہ کہیں
ذرا ہاں کہہ دے، میری جاں کہہ دے
میری جاں کہہ دے، ذرا ہاں کہہ دے
جب رین پڑے نہیں چین پڑے
نہیں چین پڑے جب رین پڑے
مانا تو سارے حسینوں سے حسیں ہے
اپنی بھی صورت بری تو نہیں ہے
کبھی تو بھی ہمارا دیدار کر لے
جھوٹا ہی سہی
پل بھر کے پیارا پہ نثار سارا جیون
ہم وہ نہیں جو چھوڑ دیں تیرا دامن

اپنے ہونٹوں کی ہنسی ہم تجھ کو دیں گے
آنسو تیرے اپنی آنکھوں میں لیں گے
تو ہماری وفا کا اعتبار کر لے
جھوٹا ہی سہی

***

گانا نمبر : ۳۰

نغمہ : حال کیا ہے دلوں کا نہ پوچھو صنم

فلم : انوکھی ادا (۱۹۷۳ء)

نغمہ نگار : مجروح سلطان پوری

گلوکار : کشور کمار

موسیقار : لکشمی کانت پیارے لال

اداکار : جیتندر، ریکھا، ونود کھنہ

حال کیا ہے دلوں کا نہ پوچھو صنم
آپ کا مسکرانا غضب ڈھا گیا
ایک تو محفل تمہاری حسیں کم نہ تھی
اس پہ میرا ترانہ غضب ڈھا گیا
اب تو لہرایا مستی بھری چھاؤں میں
باندھ دو چاہے گھنگھرو میرے پاؤں میں
میں بہکتا نہیں تھا مگر کیا کروں
آج موسم سہانا غضب ڈھا گیا

ہر نظر اٹھ رہی ہے تمہاری طرف
اور تمہاری نظر ہے ہماری طرف
آنکھ اٹھانا تمہارا تو پھر ٹھیک تھا
آنکھ اٹھا کر جھکانا غضب ڈھا گیا
مست آنکھوں کا جادو جو شامل ہوا
میرا گانا بھی سننے کے قابل ہوا
جس کو دیکھو وہی آج بیہوش ہے
آج تو میں دیوانہ غضب ڈھا گیا

***

گانا نمبر : ۳۱

نغمہ : ساون کو آنے دو

فلم : ساون کو آنے دو (۱۹۷۹ء)

نغمہ نگار : گوہر کانپوری

گلوکار : جسپال سنگھ، کلیانی مترا

موسیقار : راج کمل

اداکار : ارون گوئل، زرینہ وہاب

تمہیں گیتوں میں ڈھالوں گا
ساون کو آنے دو
جھولوں کی ہونگی قطاریں
پھولوں کی ہونگی بہاریں
سرگم کے لے پہ بھونرے
کلیوں کا گھونگھٹ اتاریں
سپنے جگا لوں گا
تم کو تمہیں سے میں

ایک دن چرا لوں گا

کب؟

ساون کو آنے دو

دیکھو یہ شان ہماری

ہم ہیں پاون کے پجاری

دھرتی گگن کے ملن کی

آرتی ہم نے اتاری

اب میں نہ مانوں گا

اس دل کے درپن میں

تم کو سجا لوں گا

کب؟ ساون کو آنے دو

بادل سے رس رنگ برسے

پیاسا من کاہے کو ترسے

کہتی ہے برکھا دیوانی

گوری سمٹ نہیں ڈر سے

اپنا بنا لوں گا

دل میں بسا لوں گا

سینے سے لگا لوں گا

کب؟ ساون کو آنے دو

***

گانا نمبر : ۳۲

نغمہ : کہہ دوں تمھیں یا چپ رہوں

فلم : دیوار (۱۹۷۵ء)

نغمہ نگار : ساحر لدھیانوی

گلوکار : آشا ، کشور

موسیقار : آر ڈی برمن

اداکار : ششی کپور، امیتابھ بچن، نیتو سنگھ، پروین بابی

کہہ دوں تمھیں یا چپ رہوں
دل میں میرے آج کیا ہے
جو بولو تو جانو، گرو تم کو مانو
چلو یہ بھی وعدہ ہے
سوچا ہے تم نے کہ چلتے ہی جائیں
تاروں سے آگے کوئی دنیا بسائیں
سوچا ہے کہ تمھیں رستہ بھلائیں
سونی جگہ پہ کوئی چھیڑے، ڈرائے

ارے نہ نہ، ہائے رے نہ نہ، یہ نہ کرنا

نہیں رے، نہیں رے-------

سوچا ہے تم نے کہ کچھ گنگنائیں

مستی میں جھومیں ذرا، دھومیں مچائیں

سوچا ہے یہ کہ تمہیں نزدیک لائیں

پھولوں سے ہونٹوں کی لالی چرائیں

ارے نہ نہ، ہائے رے نہ نہ، یہ نہ کرنا

نہیں رے، نہیں رے-------

***

گانا نمبر : ۳۴

نغمہ : اتنا تو یاد ہے مجھے کہ ان سے ملاقات ہوئی

فلم : محبوب کی مہندی (۱۹۷۱ء)

نغمہ نگار : آنند بخشی

گلوکار : لتا منگیشکر، محمد رفیع

موسیقار : لکشمی کانت پیارے لال

اداکار : راجیش کھنہ، لینا چنداورکر

اتنا تو یاد ہے مجھے کہ ان سے ملاقات ہوئی
بعد میں جانے کیا ہوا، نہ جانے کیا بات ہوئی
وعدے وفا کے کر کے، قسمیں اٹھا کے
کسی پہ دل لٹا کے چلا آیا
نظریں ملا کے، نیند اپنی گنوا کے
کسک دل میں بسا کے چلا آیا
دن تو گزر جائے گا، کیا ہوگا جب رات ہوئی
مارے حیا کے، میں تو آنکھیں جھکا کے

ذرا دامن بچا کے چلی آئی
پردہ ہٹا کے، ان کی باتوں میں آ کے
انہیں صورت دکھا کے چلی آئی
کس سے شکایت کروں، شرارت میرے ساتھ ہوئی
تھی ایک کہانی، پہلے یہ زندگانی
انہیں دیکھا تو جینا مجھے آیا
دلبر و جانی، شرم سے پانی پانی
ہوئی میں بس پسینہ مجھے آیا
ایسے میں بھیگ گئی، جیسے کہ برسات ہوئی

***

گانا نمبر : ۳۴

نغمہ : پردہ ہے پردہ، پردے کے پیچھے، پردہ نشیں ہے

فلم : امر اکبر انتھونی (۱۹۷۷ء)

نغمہ نگار : مجروح سلطان پوری

گلوکار : محمد رفیع

موسیقار : لکشمی کانت پیارے لال

اداکار : ونود کھنہ، امیتابھ بچن، رشی کپور، نیتو سنگھ، پروین بابی، شبانہ اعظمی

شباب پہ میں ذرا سی شراب پھینکوں گا
کسی حسیں کی طرف یہ گلاب پھینکوں گا

پردہ ہے، پردہ ہے
پردہ ہے، پردہ ہے
پردہ ہے پردہ، پردے کے پیچھے، پردہ نشیں ہے
پردہ نشیں کو بے پردہ نہ کر دوں تو
اکبر میرا نام نہیں ہے

پردہ ہے پردہ۔۔۔

میں دیکھتا ہوں جدھر، لوگ بھی ادھر دیکھیں
کہاں ٹھہرتی ہے جا کر، میری نظر دیکھیں
میرے خوابوں کی شہزادی، میں ہوں اکبر الہ آبادی
میں شاعر ہوں حسینوں کا، میں عاشق مہ جبینوں کا
تیرا دامن نہ چھوڑوں گا، میں ہر چلمن کو توڑوں گا
نہ ڈر ظالم زمانہ سے، ادا سے یا بہانے سے
ذرا اپنی صورت دکھا دے، سماں خوبصورت بنا دے
نہیں تو تیرا نام لے کے، تجھے کوئی الزام دے کے
تجھ کو اس محفل میں رسوا نہ کر دوں تو
اکبر میرا نام نہیں ہے

پردہ ہے پردہ۔۔۔

خدا کا شکر ہے، چہرہ نظر تو آیا ہے
حیا کا رنگ نگاہوں پہ، پھر بھی چھایا ہے
کسی کی جان جاتی ہے، کسی کو شرم آتی ہے
کوئی آنسو بہاتا ہے، تو کوئی مسکراتا ہے

ستا کر اس طرح اکثر، مزہ لیتے ہیں یہ دلبر
یہی دستور ہے ان کا، ستم مشہور ہے ان کا
خفا ہو کے چہرہ چھپا لے، مگر یاد رکھ حسن والے
جو ہے آگ تیری جوانی، میرا پیار ہے سرد پانی
میں تیرے غصے کو ٹھنڈا نہ کر دوں تو
اکبر میرا نام نہیں ہے
پردہ ہے پردہ۔۔۔

***

گانا نمبر : ۳۵

نغمہ : نظروں سے کہہ دو پیار میں ملنے کا موسم آگیا

فلم : دوسرا آدمی (۱۹۷۷ء)

نغمہ نگار : مجروح سلطان پوری

گلوکار : لتا منگیشکر، کشور

موسیقار : راجیش روشن

اداکار : رشی کپور، نیتو سنگھ، ششی کپور، راکھی

نظروں سے کہہ دو پیار میں ملنے کا موسم آ گیا
بانہوں میں بانہیں ڈال کے کھلنے کا موسم آ گیا
کنو ، کنو ، بابا جانو
روکو ناں تم مجھے، ذرا سنو تو
اس پیار سے تیرا ہاتھ لگا لہرا گئے گیسو میرے
ارے کچھ بھی نظر آتا ہی نہیں مستی میں مجھے تجھ سے پرے
کاندھے پہ میری زلف کے ڈھلنے کا موسم آ گیا
تم مل بھی گئے پھر بھی دل کو کیا جانے کیسی آس ہے

تم پاس ہو پھر بھی ہونٹوں میں جانے کیسی پیاس ہے

ہونٹوں کی ٹھنڈی آگ میں جلنے کا موسم آ گیا

***

گانا نمبر : ۳۶

نغمہ : موسم آئے گا جائے گا پیار سدا مسکرائے گا

فلم : شاید (۱۹۷۹ء)

نغمہ نگار : وٹھل بھائی پٹیل

گلوکار : آشا بھونسلے، منا ڈے

موسیقار : منس مکرجی

اداکار : وجیندر، نیتا مہتا، نصیرالدین شاہ

موسم آئے گا جائے گا، پیار سدا مسکرائے گا
بانہوں میں تیری سجنا
سچ ہو جائے گا سپنا
سارا جہاں دوہرائے گا
یہ وعدہ ارادہ چلو حسیں وادی میں کھو جائیں
چلو نا آؤ نا پھولوں کے سائے میں کھو جائیں
سماں ہے سہانا تیرے سنگ آج بہک جائیں
پیار کی راہ میں مہک جائیں

پیارا پیارا یہ نظارا آج سب کو قبول ہو جائے گا
موسم آئے گا جائے گا
پیار سدا مسکرائے گا
او جانی دیوانی جگی جگی راتوں میں قہر آئے
رسیا تیری ہی قسموں پہ زندگی گزر جائے
جان من جانِ جاں تیرے لب پہ میرے لبوں کے سائے
سجنا نا نا جیا جلے نیناں شرمائے
دل دیوانہ مستانہ ہر شئے پہ خمار آ جائے گا
موسم آئے گا جائے گا، پیار سدا مسکرائے گا
بانہوں میں تیری میرے سجنا
سچ ہو جائے گا سپنا
سارا جہاں دہرائے گا
موسم آئے گا جائے گا، پیار سدا مسکرائے گا

***

گانا نمبر : ۳۷

نغمہ : دل کیا کرے جب کسی سے، کسی کو پیار ہو جائے

فلم : جولی (۱۹۷۵ء)

نغمہ نگار : آنند بخشی

گلوکار : کشور کمار

موسیقار : راجیش روشن

اداکار : لکشمی، وکرم

دل کیا کرے جب کسی سے، کسی کو پیار ہو جائے
جانے کہاں کب کسی کو، کسی سے پیار ہو جائے
اونچی اونچی دیواروں سی، اس دنیا کی رسمیں
نہ کچھ تیرے بس میں جولی، نہ کچھ میرے بس میں
جیسے پربت پہ گھٹا جھکتی ہے
جیسے ساگر سے لہر اٹھتی ہے
ایسے کسی چہرے پہ نگاہ رکتی ہے
روک نہیں سکتی نظروں کو دنیا بھر کی رسمیں

نہ کچھ تیرے بس میں جولی، نہ کچھ میرے بس میں
آ میں تیری یاد میں، سب کو بھلا دوں
دنیا کو تیری تصویر بنا دوں
میرا بس چلے تو دل چیر کے دکھا دوں
دوڑ رہا ہے ساتھ لہو کے، پیار تیرا نس نس میں
نہ کچھ تیرے بس میں جولی، نہ کچھ میرے بس میں

***

گانا نمبر : ۳۸

نغمہ : یوں ہی تم مجھ سے بات کرتی ہو

فلم : سچا جھوٹا (۱۹۷۰ء)

نغمہ نگار : اندیور

گلوکار : لتا منگیشکر، محمد رفیع

موسیقار : کلیان جی آنند جی

اداکار : راجیش کھنہ، ممتاز

یوں ہی تم مجھ سے بات کرتی ہو
یا کوئی پیار کا ارادہ ہے
ادائیں دل کی جانتا ہی نہیں
میرا ہمدم بھی کتنا سادہ ہے
روز آتی ہو تم خیالوں میں
زندگی میں بھی میری آ جاؤ
بیت جائے نہ یہ سوالوں میں
اس جوانی پہ کچھ ترس کھاؤ
حالِ دل سمجھو صنم

کہیں گے منہ سے نہ ہم
ہماری بھی کوئی مریادا ہے
بھولے پن میں ہے وفا کی خوشبو
تجھ پہ سب کچھ نہ کیوں لٹاؤں میں
میرا بےتاب دل یہ کہتا ہے
تیرے سائے سے لپٹ جاؤں میں
مجھ سے میل تیرا
نہ ہو اک کھیل تیرا
یہ کرم مجھ پہ کچھ زیادہ ہے
بن گئی ہو میری سدا کے لیے
یا مجھے یونہی تم بناتی ہو
کہیں بانہوں میں نہ بھر لوں تم کو
کیوں میرے حوصلے بڑھاتی ہو
حوصلے اور کرو
پاس آتے نہ ڈرو
دل نہ توڑیں گے اپنا وعدہ ہے

***

گانا نمبر : ۳۹

نغمہ : ڈریم گرل کسی شاعر کی غزل

فلم : ڈریم گرل (۱۹۷۷ء)

نغمہ نگار : آنند بخشی

گلوکار : کشور کمار

موسیقار : لکشمی کانت پیارے لال

اداکار : دھریندر، ہیما مالنی

ڈریم گرل، ڈریم گرل
کسی شاعر کی غزل، ڈریم گرل
کسی جھیل کا کنول، ڈریم گرل
کہیں تو ملے گی، کبھی تو ملے گی
آج نہیں تو کل
لپٹی گلابوں میں، سمٹی حجابوں میں
خوابوں میں آتی ہے بھیگی شرابوں میں
پاس رہتی ہے وہ پل دو پل --- کون؟ ڈریم گرل

جب دیکھتی ہے وہ، میں ڈھونڈ لوں گا تو
شبنم، گھٹا، چاندنی بن جاتی ہے دوستو
رنگ روپ لیتی ہے وہ بدل --- کون؟ ڈریم گرل
غم سے بکھر جاؤں، جی سے گزر جاؤں
کیا تیری مرضی ہے، بن دیکھے مر جاؤں
کبھی پردے سے باہر نکل --- اے ڈریم گرل

***

گانا نمبر : ۴۰

نغمہ : وعدہ کر لے ساجنا

فلم : ہاتھ کی صفائی (۱۹۷۴ء)

نغمہ نگار : گلشن باوَرا

گلوکار : محمد رفیع، لتا منگیشکر

موسیقار : کلیان جی آنند جی

اداکار : ونود کھنہ، سیمی گریوال

وعدہ کر لے ساجنا

تیرے بن میں نہ رہوں

میرے بن تو نہ رہے، ہو کے جدا

یہ وعدہ رہا

نہ ہوں گے جدا، یہ وعدہ رہا

میں دھڑکن تو دل ہے پیا

میں بتی تو میرا دیا

ہم پیار کی جوت جلائے

میں راہی میری منزل ہے تو
میں ہوں لہر اور ساحل ہے تو
جیون بھر ساتھ نبھائے
وعدہ کر لے جانِ جاں
تیرے بن میں نہ رہوں
میرے بن تو نہ رہے
ہو کے جدا، یہ وعدہ رہا
نہ ہوں گے جدا، یہ وعدہ رہا
جب سے مجھے تیرا پیار ملا
اپنی تو ہے بس یہی دعا
ہر جنم یوں مل کے رہیں گے
سندر سا ہو اپنا جہاں
پیار اپنا رہے سدا جواں
ہم سکھ دکھ مل کے سہیں گے
وعدہ کر لے ساجنا
تیرے بن میں نہ رہوں

میرے بن تو نہ رہے
ہو کے جدا، یہ وعدہ رہا
نہ ہوں گے جدا، یہ وعدہ رہا

***

گانا نمبر : ۴۱

نغمہ : گلابی آنکھیں جو تیری دیکھیں، شرابی یہ دل ہو گیا

فلم : دی ٹرین (۱۹۷۰ء)

نغمہ نگار : آنند بخشی

گلوکار : محمد رفیع

موسیقار : آر ڈی برمن

اداکار : راجیش کھنہ ، نندہ

گلابی آنکھیں جو تیری دیکھیں، شرابی یہ دل ہو گیا
سنبھالو مجھ کو، او میرے یارو، سنبھلنا مشکل ہو گیا
دل میں میرے، خواب تیرے، تصویریں جیسی ہوں دیوار پہ
تجھ پہ فدا، میں کیوں ہوا، آتا ہے غصہ مجھے پیار پہ
میں لٹ گیا، مان کے دل کا کہا
میں کہیں کا نہ رہا، کیا کہوں میں دلربا
ہوا یہ جادو تیری آنکھوں کا، یہ میرا قاتل ہو گیا
گلابی آنکھیں جو تیری دیکھیں ---

میں نے سدا، چاہا یہی، دامن بچا لوں حسینوں سے میں
تیری قسم، خوابوں میں بھی، بچتا پھرا نازنینوں سے میں
توبہ مگر، مل گئی تجھ سے نظر
مل گیا دردِ جگر، سن ذرا او بے خبر
ذرا سا ہنس کے، جو دیکھا تو نے، میں تیرا بسمل ہو گیا
گلابی آنکھیں جو تیری دیکھیں ---

***

گانا نمبر : ۴۲

نغمہ : دل میں تجھے بٹھا کے، کر لوں گی میں بند آنکھیں

فلم : فقیرا (۱۹۷۶ء)

نغمہ نگار : رویندر جین

گلوکار : لتا منگیشکر

موسیقار : رویندر جین

اداکار : ششی کپور، شبانہ اعظمی

دل میں تجھے بٹھا کے، کر لوں گی میں بند آنکھیں
پوجا کروں گی تیری، ہو کے رہوں گی تیری
میں ہی میں دیکھوں تجھے پیا اور نہ دیکھے کوئی
اک پل بھی یہ سوچ رہے نہ کس ودھی ملنا ہوئے
سب سے تجھے بچا کے، کر لوں گی میں بند آنکھیں
تیرا ہی مکھ دیکھ کے پیا رات کو میں سو جاؤں
بھور بھئے جب آنکھ کھلے تو تیرے ہی درشن پاؤں
تجھ کو گلے لگا کے، کر لوں گی میں بند آنکھیں

***

گانا نمبر : ۴۳

نغمہ : تم آ گئے ہو نور آ گیا ہے

فلم : آندھی (۱۹۷۵ء)

نغمہ نگار : گلزار

گلوکار : لتا منگیشکر، کشور کمار

موسیقار : آر ڈی برمن

اداکار : سنجیو کمار، سچترا سین

تم آ گئے ہو نور آ گیا ہے
نہیں تو چراغوں سے لو جا رہی تھی
جینے کی تم سے وجہ مل گئی ہے
بڑی بے وجہ زندگی جا رہی تھی
کہاں سے چلیں، کہاں کے لیے
یہ خبر نہیں تھی مگر
کوئی بھی سرا جہاں جا ملا
وہیں تم ملو گے

کہ ہم تک تمہاری دعا آ رہی تھی

دن ڈوبا نہیں، رات ڈوبی نہیں

جانے کیسا ہے سفر

خوابوں کے دیے، آنکھوں میں لیے

وہیں آ رہے تھے

جہاں سے تمہاری صدا آ رہی تھی

***

گانا نمبر : ۴۴

نغمہ : تیرے چہرے میں وہ جادو ہے

فلم : دھرماتما (۱۹۷۵ء)

نغمہ نگار : اندیور

گلوکار : کشور کمار

موسیقار : کلیان جی آنند جی

اداکار : فیروز خان، ہیما مالنی

تیرے چہرے میں وہ جادو ہے، بن ڈور کھنچا جاتا ہوں

جانا ہوتا ہے اور کہیں، تیری اور چلا آتا ہوں

تیری ہیرے جیسی آنکھیں، آنکھوں میں ہے لاکھوں باتیں

باتوں میں رس کی برساتیں، مجھ میں پیار کی پیاس جگائے

تو جو اک نظر ڈالے، جی اٹھیں مرنے والے

لب تیرے امرت کے پیالے، دل میں جینے کی آس بڑھائے

چل پڑتے ہیں تیرے ساتھ، قدم میں روک نہیں پاتا ہوں

جب سے تجھ کو دیکھا ہے، دیکھ کے خدا کو مانا ہے

مان کے دل یہ کہتا ہے، میری خوشیوں کا تو ہے خزانہ
دے دے پیار کی منظوری، کر دے کمی میری پوری
تجھ سے تھوڑی بھی دوری، مجھ کو کرتی ہے دیوانہ
پانا تجھ کو مشکل ہی سہی، پانے کو مچل جاتا ہوں

***

گانا نمبر : ۴۵

نغمہ : نوری نوری آ جا رے او میرے دلبر آ جا

فلم : نوری (۱۹۷۹ء)

نغمہ نگار : جان نثار اختر

گلوکار : لتا منگیشکر، نتن مکیش

موسیقار : خیام

اداکار : فاروق شیخ، پونم ڈھلون

نوری، نوری، آجا رے، او دلبر جانیاں

آ جا رے، او میرے دلبر آ جا

دل کی پیاس بجھا جا رے

اجلا اجلا نرم سویرا روح میں میری جھانکے

پیار سے پوچھے کون بسا ہے تیرے دل میں آ کے

آ جا رے، آ جا رے او میرے دلبر آ جا

تو ہی آ کے بتا جا رے

درد جگائے میٹھا ارماں جاگے جاگے

پیار کی پیاسی میں دیوانی کچھ نہ سوچوں آگے

آ جا رے، آ جا رے او میرے دلبر آ جا

پھر سے آس بندھا جا رے

شام سہانی، مہکی، خوشبو تیری لائے

پاس کہیں جب کلیاں چٹکیں، میں جانوں تو آئے

آ جا رے، آ جا رے او میرے دلبر آ جا

مجھ میں آ سما جا رے

دور نہیں میں تجھ سے ساتھی، میں تو سدا سے تیری

اک نظر جب تجھ کو دیکھوں، جاگے قسمت میری

آ جا رے، آ جا رے او میرے دلبر آ جا

پھر سے آس بندھا جا رے

***

گانا نمبر : ۴۶

نغمہ : تم کو میرے دل نے پکارا ہے

فلم : رفو چکر (۱۹۷۵ء)

نغمہ نگار : گلشن باورا

گلوکار : کشن، شیلندر

موسیقار : کلیان جی آنند جی

اداکار : رشی کپور، نیتو سنگھ

تم کو میرے دل نے پکارا ہے بڑے ناز سے
اپنی آواز ملا دو، میری آواز سے
مجھ کو پہلی نظر میں لگا ہے یوں
ساتھ صدیوں پرانا ہے اپنا
اور صدیوں ہی رہنا پڑے گا
تم کو بن کے ان آنکھوں کا سپنا
یگ یگ کی قسمیں نبھا کے صنم
اس جگ کی رسمیں نبھا کے صنم

اپنی آواز ملا دو، میری آواز سے
پیار کی ان حسیں وادیوں میں
جھوم کے یونہی ملتے رہیں گے
زندگی کے سہانے سفر میں
ہمسفر بن کے چلتے رہیں گے
اس دل کے ارماں جگا کے صنم
مجھ کو بانہوں کی راہوں میں لا کے صنم
اپنی آواز ملا دو، میری آواز سے

***

گانا نمبر : ۴۷

نغمہ : شوخیوں میں گھولا جائے پھولوں کا شباب

فلم : پریم پجاری (۱۹۷۰ء)

نغمہ نگار : نیرج

گلوکار : لتا منگیشکر، کشور کمار

موسیقار : ایس ڈی برمن

اداکار : دیو آنند، وحیدہ رحمان

شوخیوں میں گھولا جائے پھولوں کا شباب
اس میں پھر ملائی جائے تھوڑی سی شراب
ہو گا یوں نشہ جو تیار وہ پیار ہے
ہنستا ہوا بچپن وہ، بہکا ہوا موسم ہے
چھیڑو تو ایک شعلہ ہے، چھو لو تو بس شبنم ہے
گاؤں میں، میلے میں، راہ میں، اکیلے میں
آتا جو یاد بار بار، وہ پیار ہے
رنگ میں پگھلے سونا، انگ سے یوں رس چھلکے

جیسے بجے دھن کوئی رات میں ہلکے ہلکے
دھوپ میں چھاؤں میں، جھومتی ہواؤں میں
ہر دم کرے جو انتظار، وہ پیار ہے
یاد اگر وہ آئے کیسے کٹے تنہائی
سونے شہر میں جیسے بجنے لگے شہنائی
آنا ہو، جانا ہو، کیسا بھی زمانہ ہو
اترے کبھی نہ جو خمار، وہ پیار ہے

***

گانا نمبر : ۴۸

نغمہ : لے کر ہم دیوانہ دل پھرتے ہیں منزل منزل

فلم : یادوں کی برات (۱۹۷۳ء)

نغمہ نگار : مجروح سلطان پوری

گلوکار : آشا بھونسلے، کشور کمار

موسیقار : آر ڈی برمن

اداکار : دھریندر، زینت امان، وجے اروڑہ، طارق

لے کر ہم دیوانہ دل
پھرتے ہیں منزل منزل
کہیں تو پیارے، کسی کنارے
مل جاؤ تم اندھیرے اجالے
جس گلی کے تم، اس گلی کے ہم
پر یہ مجبوریاں یہاں
تم یہیں کہیں، ہم یہیں کہیں
پھر بھی یہ دوریاں یہاں

واہ ری دنیا، دنیا تیرے جلوے ہیں نرالے
تو کہیں رہے، یوں لگے مجھے
میرے دل کے پاس ہے یہاں
مانگوں تیری خیر، آ تیرے بغیر
دل میرا اداس ہے یہاں
آ جا ہم کو سینے سے لگا لے

***

گانا نمبر : ۴۹

نغمہ : یہ شام مستانی ۔۔۔

فلم : کٹی پتنگ (۱۹۷۰ء)

نغمہ نگار : آنند بخشی

گلوکار : کشور کمار

موسیقار : ر۔ڈ۔ برمن

اداکار : راجیش کھنہ ، آشا پاریکھ

یہ شام مستانی، مدہوش کیے جائے
مجھے ڈور کوئی کھینچے، تیری اور لیے جائے
دور رہتی ہے تُو، میرے پاس آتی نہیں
ہونٹوں پہ ترے، کبھی پیاس آتی نہیں
ایسا لگے، جیسے کہ تُو، ہنس کے زہر کوئی پیے جائے
یہ شام مستانی ---
بات جب میں کروں، مجھے روک دیتی ہے کیوں
تیری میٹھی نظر، مجھے ٹوک دیتی ہے کیوں

تیری حیا، تیری شرم، تیری قسم میرے ہونٹ سیے جائے
یہ شام مستانی ---
ایک روٹھی ہوئی، تقدیر جیسے کوئی
خاموش ایسے ہے تُو، تصویر جیسے کوئی
تیری نظر، بن کے زُباں، لیکن ترے پیغام دئے جائے
یہ شام مستانی، مدہوش کیے جائے
مجھے ڈور کوئی کھینچے، تیری اور لیے جائے

***

۱۹۸۰ - گانا نمبر : ۰۱

نغمہ : تیرے میرے بیچ میں، کیسا ہے یہ بندھن انجانا

فلم : ایک دوجے کے لیے (۱۹۸۱ء)

نغمہ نگار : آنند بخشی

گلوکار : لتا منگیشکر

موسیقار : لکشمی کانت پیارے لال

اداکار : کمل ہاسن، رتی اگنی ہوتری

تیرے میرے بیچ میں، کیسا ہے یہ بندھن انجانا
میں نے نہیں جانا، تو نے نہیں جانا
اک ڈور کھینچے دوجا دوڑا چلا آئے
کچے دھاگے میں بندھا چلا آئے
ایسے جیسے کوئی دیوانہ
میں نے نہیں جانا، تو نے نہیں جانا
ہو ہو آپڑیا ، ہاہا جیسے سب سمجھ گیا

پہنوں گی میں تیرے ہاتھوں سے کنگنا
جائے گی میری ڈولی تیرے ہی انگنا
چاہے کچھ کر لے زمانہ
میں نے نہیں جانا، تو نے نہیں جانا
نی رومبا اڑ گا ایرو کے
رمبا؟ یہ رمبا ممبا کیا ہے؟
اتنی زبانیں بولیں لوگ ہمجولی
دنیا میں پیار کی ایک ہی بولی
بولے جا شمع پروانہ
میں نے نہیں جانا، تو نے نہیں جانا
پروا اِل لیے نلا پادرا ، کیا؟
کیسا ہے یہ بندھن انجانا
میں نے نہیں جانا، تو نے نہیں جانا
نیند نہ آئے مجھے چین نہ آئے
لاکھ جتن کر روک نہ پائے
سپنوں میں تیرا، آنا جانا

میں نے نہیں جانا، تو نے نہیں جانا

تیرے میرے بیچ میں، کیسا ہے یہ بندھن انجانا

***

گانا نمبر: ۰۲

نغمہ : چھوڑیں گے نہ ہم تیرا ساتھ

فلم : مرتے دم تک (۱۹۸۷ء)

نغمہ نگار : رویندر جین

گلوکار : محمد عزیز، انورادھا پودوال

موسیقار : رویندر جین

اداکار : راج کمار، گووندا، فرح

چھوڑیں گے نہ ہم تیرا ساتھ
او ساتھی مرتے دم تک
مرتے دم تک نہیں اگلے جنم تک
اگلے جنم نہیں سات جنم تک
سات جنم نہیں جنم جنم تک
چھوڑیں گے نہ ہم تیرا ساتھ
تیری ہی تصویر سجی ہے دل کے آئینے میں
تجھ سے محبت کر کے لذت پا ہی گئے جینے میں

دیتا ہے خوشیاں اب تیرا غم تک
پڑنے نہ دیں گے غم کے قدم تک
قدم رکھیں گے سنگ جنم جنم تک
چھوڑیں گے نہ ہم تیرا ساتھ
موسم آتے جاتے رہیں گے
ساون پھاگن لاتے رہیں گے
پیار بھرے دل پیار میں ڈوبے
پیار کے نغمے گاتے رہیں گے
اِس موسم سے اُس موسم تک
اِس عالم سے اُس عالم تک
دور نہ ہوں گے جنم جنم تک
چھوڑیں گے نہ ہم تیرا ساتھ
او ساتھی مرتے دم تک
کوئی ڈھونڈے اپنے خدا کو
کوئی اپنے صنم کو
اپنا خدا بھی اپنا صنم بھی

مل گیا تجھ میں ہم کو

کر لیے وعدے کھائی قسم تک

لائے قسم دل کے سنگم تک

سنگم ہو گا جنم جنم تک

مرتے دم تک نہیں اگلے جنم تک

اگلے جنم نہیں سات جنم تک

سات جنم نہیں جنم جنم تک

چھوڑیں گے نہ ہم تیرا ساتھ

او ساتھی مرتے دم تک

***

گانا نمبر : ۰۳

نغمہ : کیا یہی پیار ہے

فلم : راکی (۱۹۸۱ء)

نغمہ نگار : مجروح سلطان پوری

گلوکار : لتا منگیشکر، کشور کمار

موسیقار : آر ڈی برمن

اداکار : سنجے دت، ٹینا منیم، رینا رائے

کیا یہی پیار ہے

ہاں یہی پیار ہے

ہو، دل تیرے بن کہیں لگتا نہیں

وقت گزرتا نہیں

کیا یہی پیار ہے

پہلے میں سمجھا

کچھ اور وجہ ان باتوں کی

لیکن اب جانا، کہاں نیند گئی میری راتوں کی

جاگتی رہتی ہوں میں بھی
چاند نکلتا نہیں ، اوہ
دل تیرے بن کہیں لگتا نہیں
وقت گزرتا نہیں
کیا یہی پیار ہے
بولو بولو ناں
ہاں یہی پیار ہے
کیسے بھولوں گی
تو یاد ہمیشہ آئے گا
تیرے جانے سے، جینا مشکل ہو جائے گا
اب کچھ بھی ہو دل پہ کوئی
زور تو چلتا نہیں
دل تیرے بن کہیں لگتا نہیں
وقت گزرتا نہیں
کیا یہی پیار ہے
ہاں یہی پیار ہے

جیسے پھولوں کے، موسم میں یہ دل کھلتے ہیں
پریمی ایسے ہی، کیا پت جھڑ میں بھی ملتے ہیں
رُت بدلے، دنیا بدلے، پیار بدلتا نہیں
دل تیرے بن کہیں لگتا نہیں
وقت گزرتا نہیں
کیا یہی پیار ہے
ہاں یہی پیار ہے
ہاں یہی پیار ہے

***

گانا نمبر : ۰۴

نغمہ : مجھے نو لکھا منگا دے رے، او سیاں دیوانے

فلم : شرابی (۱۹۸۴ء)

نغمہ نگار : انجان

گلوکار : آشا بھونسلے، کشور کمار

موسیقار : بپی لہری

اداکار : امیتابھ بچن، جیا پردا، پران

انگ انگ تیرا رنگ رچا کے، ایسا کروں سنگھار

جب جب جھانجھر جھنکاؤں میں، کھنکے من کے تار

مجھے نو لکھا منگا دے رے، او سیاں دیوانے

مجھے نو لکھا منگا دے رے، او سیاں دیوانے

ماتھے پہ جھومر، کانوں میں جھمکا

پاؤں میں پائلیاں، ہاتھوں میں ہو کنگنا

مجھے نو لکھا منگا دے ---

تجھے میں تجھے میں

تجھے گلے سے لگا لوں گی، او سیاں دیوانے
مجھے انگیا سلا دے رے، او سیاں دیوانے
تجھے سینے سے لگا لوں گی، او سیاں دیوانے
مجھے نو لکھا منگا دے ---
سلمیٰ ستاروں کی جھلمل چنریا
آؤں پہن کے تو پھسلے نظریا
مجھے سجا دے بلما
سجا دے مجھ کو سجا دے بلما
کوری کنواری یہ کمسن عمریا
تیرے لیے ناچے سج کے سنوریا
لالی منگا دے سجنا
سورج سے لالی منگا دے سجنا
تجھے میں تجھے میں
تجھے ہونٹوں سے لگا لوں گی، او سیاں دیوانے
میں تو ساری عمریا لٹائے بیٹھی
بلما دو انکھیوں کی شرارت میں

میں تو جنموں کا سپنا سجائے بیٹھی
سجنا کھو کے تیری محبت میں
مانا رے مانا یہ اب میں نے جانا
ہوتا ہے کیا سیاں دل کا لگانا
روکے یہ دنیا، یا روٹھے زمانہ
جانا ہے مجھ کو سجن گھر جانا
ہو جیسے گجرا ہنسے، جیسے گجرا ہنسے
ویسے انکھیوں میں تم مسکرانا
ہو کرنوں سے یہ مانگ میری سجا دے
پونم کے چندا کی بندیا منگا دے
تجھے میں تجھے میں
تجھے ماتھے پہ سجا لوں گی، او سیاں دیوانے
ماتھے پہ جھومر، کانوں میں جھمکا
پاؤں میں پائیلیاں، ہاتھوں میں ہو کنگنا
مجھے نو لکھا منگا دے رے، او سیاں دیوانے
تیرے قدموں پہ چھلکا دوں گی، میں سارے میخانے

لوگ کہتے ہیں میں شرابی ہوں
تم نے بھی شاید یہ ہی سوچ لیا ہاں
لوگ کہتے ہیں ---

کسی پہ حسن کا غرور، جوانی کا نشہ
کسی کے دل پہ محبت کی روانی کا نشہ
کسی کو دیکھ کے سانسوں سے ابھرتا ہے نشہ
بنا پیے بھی کہیں حد سے گزرتا ہے نشہ
نشہ میں کون نہیں ہے مجھے بتاؤ ذرا
کسے ہے ہوش میرے سامنے تو لاؤ ذرا

نشہ ہے سب پہ، مگر رنگ نشہ کا ہے جدا
کھلی کھلی ہوئی صبح پہ ہے شبنم کا نشہ
ہوا پہ خوشبو کا، بادل پہ ہے رم جھم کا نشہ
کہیں سرور ہے خوشیوں کا کہیں غم کا نشہ
نشہ شراب میں ہوتا تو ناچتی بوتل
میکدے جھومتے پیمانوں میں ہوتی ہلچل
نشہ میں کون نہیں ہے مجھے بتاؤ ذرا

لوگ کہتے ہیں میں شرابی ہوں

تم نے بھی شاید یہی سوچ لیا

لوگ کہتے ہیں میں شرابی ہوں

تھوڑی آنکھوں سے پلا دے رے سجنی دیوانی

تجھے میں، تجھے میں

تجھے سانسوں میں بسا لوں گا، سجنی دیوانی

تجھے نو لکھا، منگا دوں گا سجنی دیوانی

***

گانا نمبر : ۰۵

نغمہ : کالی گھٹا چھائی، پریم رُت آئی

فلم : کالی گھٹا (۱۹۸۰ء)

نغمہ نگار : آنند بخشی

گلوکار : محمد رفیع، لتا

موسیقار : لکشمی کانت پیارے لال

اداکار : ششی کپور، ریکھا، ڈینی

کالی گھٹا چھائی، پریم رُت آئی
آئی آئی آئی تیری یاد آئی
تجھے ڈھونڈیں میرے نین
نہیں نیند نہیں چین
کالی گھٹا چھائی۔۔۔
یوں ہی نہیں چلی آئی بہاریں
پھول یوں ہی نہیں کھلیں
کچھ تو ہے کارن، اتنے یگوں سے
دو پریمی نہیں ملیں

چھوٹا سا جیون، لمبی جدائی
کالی گھٹا چھائی، پریم رُت آئی
آئی آئی آئی آئی تیری یاد آئی
پربت پربت گلشن گلشن
میلے ملن کے لگے
ایک ہی پل میں نیند سے جیسے
درد ہزاروں جگے
دل کی لگی نے لی انگڑائی
کالی گھٹا چھائی۔۔۔
برہا کی کالی راتوں کے
رنگ سے کاجل بنا
کاجل مل گیا آنسوؤں میں تو
کالا بادل بنا
کس بادل نے آگ لگائی
کالی گھٹا چھائی، پریم رُت آئی
آئی آئی آئی آئی تیری یاد آئی

***

گانا نمبر : ۰۶

نغمہ : خواب بن کر کوئی آئے گا تو نیند آئے گی

فلم : رضیہ سلطان (۱۹۸۳ء)

نغمہ نگار : جانثار اختر

گلوکار : لتا منگیشکر

موسیقار : خیام

اداکار : ہیما مالینی، دھریندر، پروین بابی

چوم کر رات جو سلائے گی تو نیند آئے گی
خواب بن کر کوئی آئے گا تو نیند آئے گی
اب وہی آ کے سلائے گا تو نیند آئے گی
خواب بن کر کوئی آئے گا ---
بات جو صرف نگاہوں سے کہی جاتی ہے
کوئی ہونٹوں سے سنائے گا تو نیند آئے گی
خواب بن کر کوئی آئے گا ---
نرم زلفوں کی مہک گرم بدن کی خوشبو

چپکے چپکے وہ چرائے گا تو نیند آئے گی

جسم ہاتھوں کی حرارت سے پگھل جائے گا

آگ رگ رگ میں لگائے گا تو نیند آئے گی

کوئی تڑپائے گا ہر آن تو چین آئے گا

کوئی ہر رات ستائے گا تو نیند آئے گی

خواب بن کر کوئی آئے گا تو نیند آئے گی

اب وہی آ کے سلائے گا تو نیند آئے گی

***

گانا نمبر : ۰۷

نغمہ : دھوپ میں نکلا نہ کرو روپ کی رانی

فلم : گرفتار (۱۹۸۵ء)

نغمہ نگار : اندیور

گلوکار : کشور کمار، آشا بھونسلے

موسیقار : بپی لہری

اداکار : امیتابھ بچن، کمل ہاسن، مادھوی، رجنی کانت

دھوپ میں نکلا نہ کرو روپ کی رانی
گورا رنگ کالا نہ پڑ جائے
مست مست آنکھوں سے چھلکاؤ نہ مدیرا
مدھوشالا میں تالا نہ پڑ جائے
تم جو تھک گئی ہو تو بانہوں میں اٹھا لیں
حکم دو ہمیں تو ابھی پالکی لا دیں
پنتھ ہے پتھریلا پیدل نہ چلو تم
کہیں پاؤں میں چھالا نہ پڑ جائے

دھوپ ہو یا چھاؤں ساجن میں تو آؤں گی
تم سے ملنے آگ پہ بھی جل کے جاؤں گی
تمہیں چھوڑوں تو کیسے اک پل بھی تنہا
کسی سوتن سے پالا نہ پڑ جائے

***

گانا نمبر : ۰۸

نغمہ : بعد مدت کے یہ گھڑی آئی

فلم : آسمان (۱۹۸۴ء)

نغمہ نگار : آنند بخشی

گلوکار : کشور کمار

موسیقار : انو ملک

اداکار : راجیو کپور، دیویا رانا

بن کے نظر دل کی زباں

کہنے لگی ایک داستاں

جانے کیسا ہے یہ افسانہ

جانے کیسا آیا یہ زمانہ

ارے تو بھی تو انجان ہے

میں بھی تو انجان ہوں

تو بھی کچھ حیران ہے

میں بھی تو حیران ہوں

نہ جانے کیا باتیں ہوئیں تیرے میرے درمیاں

ایسا لگتا ہے یہ ستارے

جیسے کرتے ہیں کچھ اشارے

ارے نہ آنکھوں میں نیند ہے نہ دل میں قرار ہے

کیا ہو جائے کیا پتہ کوئی اعتبار ہے

ایک یہ عمر، دوجے یہ رات، اس پہ ستم یہ سماں

***

گانا نمبر : ۰۹

نغمہ : میرے محبوب تجھے سلام

فلم : بغاوت (۱۹۸۲ء)

نغمہ نگار : آنند بخشی

گلوکار : محمد رفیع، آشا بھونسلے

موسیقار : لکشمی کانت پیارے لال

اداکار : دھریندر، ہیما مالینی، رینارائے، امجد خان

میرے محبوب تجھے سلام
مشکل میں جان آئی
آیا ہونٹوں پہ تیرا نام
تیرا جلوہ خوب، تیرا پردہ خوب
کیا پردہ، کیا جلوہ، یہ دل تجھ سے ہے منسوب
میرا حبیب تو ہے، میرا نصیب تو ہے
در کا فقیر ہوں میں، بندہ اسیر ہوں میں
تجھ پہ میری نظر ہے، مجھ سے تو بے خبر ہے

میں اپنے مہرباں سے، اب کیا کہوں زباں سے
آہوں سے عشق میں لیتے ہیں، عاشق زباں کا کام
ہے انتظار مشکل، سونی ہے دل کی محفل
کب تیری دید ہوگی، مستوں کی عید ہوگی
چلمن سے آ نکل کر میرے حسین دلبر
جو کچھ بھی درمیاں ہے اڑ جائے گا دھواں ہے
پردے اٹھا رہا ہے سارے شاعر کا یہ کلام
نظروں میں تو ہی تو ہے، بس تیری آرزو ہے
یہ بے رخی ہے کیسی، یہ بےخودی ہے کیسی
پہچان یہ نگاہیں یہ آنسو اور یہ آہیں
شوق وصال یہ ہے، اس دل کا حال یہ ہے
لے کے بغیر نغمہ جیسے مے کے بغیر جام

***

گانا نمبر : ۱۰

نغمہ : حسن کی وادیوں میں عشق پلتا رہے گا

فلم : وارث (۱۹۸۸ء)

نغمہ نگار : ورما ملک

گلوکار : لتا منگیشکر، ونود راٹھوڑ

موسیقار : اتم سنگھ، جگدیش کھنہ

اداکار : راج ببر، سمیتا پاٹل، امریتا سنگھ، راج کرن

پھولوں نے بہاروں سے بہاروں نے نظاروں سے
نظاروں نے ستاروں سے کہا
لہروں نے کناروں سے کناروں نے یہ دھاروں سے
دھاروں نے ہزاروں سے کہا کہ
حسن کی وادیوں میں
عشق پلتا رہے گا
حسن کی وادیوں میں
عشق پلتا رہے گا

جب تک رہے گی یہ دنیا
پیار ویار ہوتا رہے گا ہووو۔۔ پیار ہوتا رہے گا
محبت بہاروں سے پہلے
بنی چاند تاروں سے پہلے
ملن تیرا میرا ہوا ہے
ہنستے نظاروں سے پہلے
یہ دل تجھے سو جنم سے
چاہتا ہے، چاہتا رہے گا
پیار ویار ہوتا رہے گا ہووو۔۔ پیار ہوتا رہے گا
حسن کی وادیوں میں
عشق پلتا رہے گا
ملے تھے ہم نصیب سے یہ جانتی ہوں میں
رشتہ جنم جنم کا ہے یہ مانتی ہوں میں
پیار ہوتا رہے گا ہووو۔۔ پیار ہوتا رہے گا
حسن کی وادیوں میں
عشق پلتا رہے گا

تو پہلو میں بیٹھی ہو میرے
ہاتھوں میں ہو ہاتھ تیرا
ایسے ملیں پھر نہ ٹوٹیں
بانہوں کا یہ نرم گھیرا
وفا سے جو ہم نے جلایا
وہ دیپ جلتا رہے گا
پیار ہوتا رہے گا ہووو۔۔۔ پیار ہوتا رہے گا
حسن کی وادیوں میں
عشق پلتا رہے گا
جب تک رہے گی یہ دنیا
پیار ہوتا رہے گا ہو او او۔۔۔ پیار ہوتا رہے گا

***

گانا نمبر : ۱۱

نغمہ : تیرا جلوہ توبہ ہے

فلم : آپ کے دیوانے (۱۹۸۰ء)

نغمہ نگار : آنند بخشی

گلوکار : رفیع، کشور

موسیقار : راجیش روشن

اداکار : رشی کپور، راکیش روشن، ٹینا منیم

تیرا جلوہ توبہ ہے تیرا جلوہ

جب سے دیکھا توبہ ہے تیرا جلوہ

جی چاہے جی بھر کے تعریف کروں

وہ کیا کہنا توبہ ہے تیرا جلوہ

سنتے تھے لوگوں سے افسانے تیرے

ہائے پر تجھ کو دیکھا نہیں تھا

دیکھے حسین تو لاکھوں ہزاروں

ہائے کوئی بھی تم سا نہیں تھا

کالی زلفیں اڑتے بادل گورا چاند سا چہرہ
کلیوں سے پھولوں سے محفل سجی ہے
ہائے تیرا جنم دن آیا
میری بے ادبی تو معاف کرنا
ہائے میں کوئی تحفہ نا لایا
جو خود پھول ہو اس کو کیا دیں پھولوں کا گلدستہ
کہتی ہے دنیا ہر ایک دل پہ
ہائے دلبر کا نام لکھا ہے
جانے انجانے چہرے پہ تیرے
ہائے کس کا سلام لکھا ہے
تیرا محبوب بنے گا کوئی قسمت والا

***

گانا نمبر : ۱۲

نغمہ : قسم کیا ہوتی ہے

فلم : قسم (۱۹۸۸ء)

نغمہ نگار : اندیور

گلوکار : آشا بھونسلے، نتن مکیش

موسیقار : بپی لہری

اداکار : انیل کپور، پونم ڈھلون

قسم کیا ہوتی ہے
قسم وہ ہوتی ہے
جو توڑی نہ جائے بچھوڑا نہ پائے
یار بچھڑنے لگتے ہیں تو
رب کی آنکھ بھی روتی ہے
قسم کیا، قسم کیا
قسم کیا ہوتی ہے
تیری قسم تو ہم سے جو روٹھی

جاں سے گزر جائیں گے
ہو تیری ہاں سے جی اٹھیں گے
نہ سے مر جائیں گے
بات بات میں قسم نہ کھانا
قسم مذاق نہیں ہے
قسم ہے جتنی پاک چیز
کوئی اتنی پاک نہیں ہے
دلوں کا سنبل ہے
ہو قسم گنگا جل ہے
پیار پہ داغ جو لگ جائے
تو اپنے لہو سے دھوتی ہے
قسم کیا، قسم کیا
قسم کیا ہوتی ہے
دلوں کے لیے ضروری نہیں ہے
دنیا کی منظوری
قسم پیار کی نہیں مانتی

جنموں کی بھی دوری
تنہائی کو مہکاتی ہے
یادوں کی کستوری
قسم ہے وہ جو ہر
حالت میں کی جاتی ہے پوری
قسم ایک گیتا ہے
قسم وہ سیتا ہے
راج محل کے چھوڑ کے سکھ جو
انگاروں پہ سوتی ہے
قسم کیا، قسم کیا
قسم کیا ہوتی ہے
قسم وہ ہوتی ہے
جو توڑی نہ جائے بچھوڑا نہ پائے

***

گانا نمبر : ۱۳

نغمہ : او یارا تو پیاروں سے ہے پیارا

فلم : کاش (۱۹۸۷ء)

نغمہ نگار : فاروق قیصر

گلوکار : کشور کمار، انوپما دیشپانڈے

موسیقار : راجیش روشن

اداکار : جیکی شراف، ڈمپل کپاڈیہ

او یارا تو پیاروں سے ہے پیارا

میرا ہے میرا ہی رہے گا

دلدارا میں تو یہ کہوں گا

پایا جگ سارا

یہ کیا کیا مچلے جیا

لب پہ ہنسی ہے دل میں خوشی ہے

پھر بھی کمی ہے تھوڑی سی

دل کی لگی ہے ویسے بجھی ہے

پھر بھی بچی ہے تھوڑی سی

میرا ہے میرا ہی رہیگا

دلدارا میں تو یہ کہوں گی

پایا جگ سارا

تو ہے جہاں، دل ہے وہاں

اپنی وفائیں

کتنی جتائیں، کتنی چھپائیں کہہ دینا

اپنی کہانی

کتنی چھپائیں، کتنی سنائیں کہہ دینا

میرا ہے میرا ہی رہے گا

دلدارا میں تو یہ کہوں گا

پایا جگ سارا

***

گانا نمبر : ۱۴

نغمہ : دل میں ہو تم آنکھوں میں تم

فلم : ستیہ میو جیتے (۱۹۸۸ء)

نغمہ نگار : فاروق قیصر

گلوکار : ایس جانکی، بھپی لہری

موسیقار : بھپی لہری

اداکار : ونود کھنہ، میناکشی شیشادری، انیتا راج

(ہیروئین) : دل میں ہو تم آنکھوں میں تم

بولو تمہیں کیسے چاہوں

پوجا کروں سجدہ کروں

جیسے کہو ویسے چاہوں

جانو میرے جانو جان جاناں جانو

تمہارا ساتھ ملا ہے

ذرا میں دل کو سنبھالوں

نظر لگے نہ کہیں میری

تمہیں میں دل میں چھپا لوں
زلفیں میری پلکیں میری
کرتی رہیں تم پہ چھاؤں
سہانے سپنے دکھائے
ہمارے نیناں دیوانے
گلے سے اب تو لگا لو
ملن کے آئے زمانے
ہر دم یہی ڈر ہے مجھے
تم سے جدا ہو نہ جاؤں
(ہیرو) :اکیلا ہوں میں اکیلا
تمہیں پھر دل نے پکارا
تمہاری یادیں ستائیں
نہیں ہے کوئی ہمارا
دنیا کے غم سہتا ہوں میں
برہا کے غم سہہ نہ پاؤں
ہمیشہ دیکھا یہی ہے

ملن کے سنگ ہے جدائی

شاید وہ ہوگا دیوانہ

چاہت یہ جس نے بنائی

چاہے جلوں چاہے مروں

پھر بھی تیرے گن میں گاؤں

***

گانا نمبر : ۱۵

نغمہ : سانسوں سے نہیں قدموں سے نہیں

فلم : محبت (۱۹۸۵ء)

نغمہ نگار : اندیور

گلوکار : کشور کمار

موسیقار : بپی لہری

اداکار : انیل کپور، وجیتا پنڈت

سانسوں سے نہیں قدموں سے نہیں
محبت سے چلتی ہے دنیا
دولت سے نہیں طاقت سے نہیں
محبت سے چلتی ہے دنیا
پلکوں سے کانٹے ہٹا دیں گے
پھول تو کیا دل بچھا دیں گے
مٹنے نہ دیں گے نامِ محبت
خود کو خوشی سے مٹا دیں گے

تاجوں سے نہیں تختوں سے نہیں

محبت سے چلتی ہے دنیا

پیار کے وعدے ہم نبھا دیں گے

قدموں پہ امبر کو جھکا دیں گے

رنگ ہیں جتنے بھی خوشیوں کے

راہوں میں تیری سجا دیں گے

رشتوں سے نہیں ناتوں سے نہیں

محبت سے چلتی ہے دنیا

***

گانا نمبر : ١٦

نغمہ : آ جا شام ہونے آئی

فلم : میں نے پیار کیا (۱۹۸۹ء)

نغمہ نگار : دیو کوہلی

گلوکار : لتا منگیشکر، ایس پی بالا سبرامنیم

موسیقار : رام لکشمن

اداکار : سلمان خاں، بھاگیہ شری

آجا شام ہونے آئی
موسم نے لی انگڑائی
تو کس بات کی ہے لڑائی
تو چل میں آئی، نو نو
تو چل میں آئی
بجا کیا ہے دیکھو ذرا تم گھڑی
گزر جائے نہ پریم کی یہ گھڑی
آتی ہوں، تھوڑا سا دھیرج دھرو

لگا دوں گی میں پریم کی پھر جھڑی
اتنی ہی دور ہے تو جتنی قریب ہے
تیرے میرے پیار کا قصہ عجیب ہے
دھت تیرے کی
اب تو جان پہ بن آئی
یہ ہے پیار کی گہرائی
تو کس بات کی ہے لڑائی
تو چل میں آئی، مائی گاڈ
تو چل میں آئی
کم سون یار
بہت ہو چکی ہے تیری دل لگی
چلی آؤ اب شام ڈھلنے لگی
میرے دل میں کتنی امنگیں بھری
تمہیں میں بتاتی ہوں، آکر ابھی
ہاں ہاں میرا جادو چل گیا
تیرا چہرہ کھل گیا

پیچھے پیچھے میں چلی

آگے آگے تو چلا

دھت تیرے کی

تو کر دو سب کو اب گڈبائے

میں نے پیار کیا

میں آئی

تو کس بات کی ہے لڑائی

تو چل میں آئی

میک اٹ فاسٹ

تو چل میں آئی

***

گانا نمبر : ۱۷

نغمہ : کبھی کچھ پل جیون کے

فلم : رنگ برنگی (۱۹۸۳ء)

نغمہ نگار : یوگیش

گلوکار : آرتی مکرجی، انورادھا پوڈوال

موسیقار : آر ڈی برمن

اداکار : پروین بابی، امول پالیکر، دیپتی ناول

کبھی کچھ پل جیون کے لگتا ہے کہ چلتے چلتے
کچھ دیر ٹھہر جاتے ہیں
ہر دن کی ہلچل سے آج ملی خاموشی
چھلکی ہے تن من میں پیار بھری مدہوشی
بدلے بدلے موسم کے مجھے رنگ نظر جاتے ہیں
یہ گھڑیاں فرصت کی روز کہاں ملتی ہیں
اب خوشیاں ہاتھ میرا تھامے ہوئے چلتی ہیں
میرے ساتھ گگن یہ دھرتی میرا گیت مدھر گاتے ہیں

اتنا بھلا لگتا ہے سورج کا یہ ڈھلنا
دنیا سے دور چھپ کے یہاں تیرا میرا یوں ملنا
کبھی کبھی دیوانے پن کی ہم حد سے گزر جاتے ہیں

***

گانا نمبر : ۱۸

نغمہ : رات باقی بات باقی

فلم : نمک حلال (۱۹۸۲ء)

نغمہ نگار :انجان

گلوکار : آشا بھونسلے، بپی لہری

موسیقار : بپی لہری

اداکار : امیتابھ بچن، ششی کپور، سمیتا پاٹل، پروین بابی

رات باقی، بات باقی
ہونا ہے جو، ہو جانے دو
سوچو نا، دیکھو تو
دیکھو ہاں، جانے جاں --- مجھے پیار سے
کشتی جواں دل کی طوفاں سے ٹکرا گئی
منزل محبت کی اب تو قریب آ گئی
آ دیکھ لے، ہے کیا مزہ --- دل ہار کے
رات باقی، بات باقی ---

آغاز یہ ہے تو انجام ہوگا حسین

دیوانے پروانے مرنے سے ڈرتے نہیں

آ دلربا، کھل کے ذرا --- مل یار سے

رات باقی، بات باقی---

***

گانا نمبر : ۱۹

نغمہ : میرے رنگ میں رنگنے والی

فلم : میں نے پیار کیا (۱۹۸۹ء)

نغمہ نگار : اسد بھوپالی

گلوکار : ایس پی بالا سبرامنیم

موسیقار : رام لکشمن

اداکار : سلمان خاں، بھاگیہ شری

میرے رنگ میں رنگنے والی
پری ہو یا ہو پریوں کی رانی
یا ہو میری پریم کہانی
میرے سوالوں کا جواب دو، دو ناں
بولو نہ کیوں یہ چاند ستارے
تکتے ہیں یوں مکھڑے کو تمہارے
چھو کے بدن کو ہوا کیوں مہکی
رات بھی ہے کیوں بہکی بہکی

میرے سوالوں کا جواب دو

کیوں ہو تم شرمائی ہوئی سی

لگتی ہو کچھ گھبرائی ہوئی سی

ڈھلکا ہوا سا آنچل کیوں ہے

یہ میرے دل میں ہلچل کیوں ہے

میرے سوالوں کا جواب دو

دونوں طرف بے نام سی الجھن

جیسے ملے ہوں دلہا دلہن

دونوں کی ایسی حالت کیوں ہے

آخر اتنی محبت کیوں ہے

میرے سوالوں کا، جواب دو

***

گانا نمبر : ۲۰

نغمہ : جب ہم جواں ہوں گے جانے کہاں ہوں گے

فلم : بے تاب (۱۹۸۳ء)

نغمہ نگار : آنند بخشی

گلوکار : شبیر کمار، لتا منگیشکر

موسیقار : آر ڈی برمن

اداکار : سنی دیول، امریتا سنگھ

جب ہم جواں ہوں گے جانے کہاں ہوں گے
لیکن جہاں ہوں گے وہاں فریاد کریں گے
تجھے یاد کریں گے
جب ہم جواں ہوں گے جانے کہاں ہوں گے
یہ بچپن کا پیار اگر کھو جائے گا
دل کتنا خالی خالی ہو جائے گا
تیرے خیالوں سے اسے آباد کریں گے
تجھے یاد کریں گے

جب ہم جواں ہوں گے جانے کہاں ہوں گے
ایسے ہنستی تھی وہ ایسے چلتی تھی
چاند کے جیسے چھپتی اور نکلتی تھی
سب سے تیری باتیں تیرے بعد کریں گے
تجھے یاد کریں گے
جب ہم جواں ہوں گے جانے کہاں ہوں گے
تیرے شبنمی خوابوں کی تصویروں سے
تیرے ریشمی زلفوں کی زنجیروں سے
کیسے ہم اپنے آپ کو آزاد کریں گے
تجھے یاد کریں گے
جب ہم جوان ہوں گے جانے کہاں ہوں گے
زہر جدائی کا پینا پڑ جائے تو
بچھڑ کے بھی ہم کو جینا پڑ جائے تو
ساری جوانی بس یونہی برباد کریں گے
تجھے یاد کریں گے
جب ہم جواں ہوں گے جانے کہاں ہوں گے

لیکن جہاں ہوں گے وہاں فریاد کریں گے

تجھے یاد کریں گے

جب ہم جواں ہوں گے

***

گانا نمبر : ۲۱

نغمہ : موسم پیار کا، رنگ بدلتا رہے

فلم : ستمگر (۱۹۸۵ء)

نغمہ نگار : مجروح سلطان پوری

گلوکار : کشور کمار، آشا بھونسلے

موسیقار : آر ڈی برمن

اداکار : رشی کپور، پونم ڈھلون، دھریندر، پروین بابی

موسم پیار کا ، رنگ بدلتا رہے
یوں ہی چلتا رہے، تیرے میرے پیار کا کارواں
ٹھنڈی ہوا متوالی
کہے ہمارے سنگ اڑ کے
ابھی کہیں دیکھو نہ مڑ کے
پیچھے اب کہاں یہ نظارے یہ سماں
کہاں کہاں سے ہو کے تجھ تک
لائی ہے مجھ کو یہ راہیں

چھوڑوں گا میں کیسے یہ بانہیں

ارے اب تو صنم تو جہاں میں وہاں

کسی حسین سفر میں بیتے یہ زندگانی

دو ہمسفر منزل ان جانی

اب آئے بہار، یا چلے آندھیاں

***

گانا نمبر : ۲۲

نغمہ : سن صاحبہ سن پیار کی دھن

فلم : رام تیری گنگا میلی (۱۹۸۵ء)

نغمہ نگار : رویندر جین

گلوکار : لتا منگیشکر

موسیقار : رویندر جین

اداکار : راجیو کپور، منداکنی، دیویا رانا

سن صاحبہ سن پیار کی دھن
ہو میں نے تجھے چن لیا تو بھی مجھے چن
سن صاحبہ سن ---
کوئی حسینہ قدم پہلے بڑھاتی نہیں
مجبور دل سے نہ ہو تو پاس آتی نہیں
خوشی میرے دل میں حد سے زیادہ ہے
تیرے سنگ زندگی بتانے کا ارادہ ہے
او پریت کے یہ دھاگے تو بھی سنگ میرے بن

سن صاحبہ سن ---

تو جو ہاں کہے تو بن جائے بات بھی

ہو تیرا اشارہ تو چل دوں میں ساتھ بھی

تیرے لیے سائیں با ناچوں گی میں گاؤں گی

دل میں بسا لے تیرا گھر بھی بساؤں گی

ہو ڈال دے نگاہ کر دے پیار کا شگن

سن صاحبہ سن ---

او میرا ہی خون جگر دیگا گواہی میری

تیرے ہی ہاتھوں لکھی شاید تباہی میری

دل تجھپے وارا ہے جان تجھ پہ واروں گی

آئے کے نہ آئے تیرا رستہ نہاروں گی

او کر لے قبول مجھے ہوگا بڑا پن

سن صاحبہ سن ---

سن صاحبہ سن ---

***

فہرست

***